LES PRINCIPES

FONDAMENTAUX

DE TOUTE SOCIÉTÉ.

LES PRINCIPES

FONDAMENTAUX

DE TOUTE SOCIÉTÉ,

CONSTITUÉS AVEC L'HOMME,

PRÉCÉDÉS

D'un Précis historique et critique des causes éloignées et prochaines de la Révolution en France ;

PAR LOUIS-JACQUES BRIEL.

L'oubli de ces principes a tout perdu en France ; le retour à ces principes peut seul tout réparer.

TOME PREMIER.

A PARIS,

CHEZ PIERRE - FRANÇOIS BLEUET, rue du Jardinet, n°. 8.

---

1 7 9 7.

Aux Philosophes de tous les partis, et à tous les Hommes en place.

L A philosophie est une, comme la vérité qu'elle chérit : invariable comme la nature, elle fixe l'esprit humain aux principes éternels de l'ordre que suit celle-là, et de la raison que doit suivre celui-ci.

Cependant, depuis qu'il existe des hommes cultivés sous le nom de philosophes, rien n'est si variable que leurs systêmes philosophiques, leurs sectes, leurs écoles ; et, malheureusement, c'est sur les premières vérités, les plus usuelles, qu'ils varient le plus ; de manière que c'est encore une découverte à faire en philosophie où l'on en a tant faites, que la rénnion de tous les partis en celui seul qui peut exister.

Je n'ai point la prétention d'avoir résolu, dans cet Ouvrage, ce beau pro-

a

blême si utile au genre humaiu ; mais j'avoue que j'ai eu l'ambition de le trouver, que j'y ai travaillé de mon mieux ; et qui plus est, c'est que j'ai cru voir que ce n'étoit point un problême, que cette unité précieuse et consolante existe de fait dans la nature humaine.

Mais je n'ai trouvé cette perle, qu'en écartant de brillans décombres, en ôtant les insignes de philosophes à ceux qui ne le sont pas, et en en décorant ceux qui à peine croyent l'être, chez tous les peuples, dans tous les gouvernemens et les religions de la terre.

J'ai nommé cette école-mère, pour la distinguer de toutes les autres, *le théïsme philosophique*, qui est le fond de l'amalgame de tous les systêmes politiques et religieux de ce monde (1).

______

(1) Voyez, outre la partie philosophique, le cinquième chapitre, quatrième partie, de la Religion, pour prendre une idée exacte du théïsme philosophique que j'annonce.

J'ai été forcé , pour cela de prouver à bien des gens une dure vérité ; c'est que celui - là n'est pas philosophe qui est d'une secte , d'une école , d'un parti dont il prétend faire adopter la doctrine ; que celui-là est encore moins philosophe qui veut en vain que le peuple le soit à sa manière ; qu'enfin, celui-là seul est philosophe qui , prenant tout simplement ses principes dans un esprit juste, une conscience pure et un bon cœur, n'est d'aucune école , n'est le disciple que de la nature et de l'expérience, et demeure sans éclat, le plus honnête homme de la société où il vit , le meilleur citoyen du pays où il est né , le plus fidèle aux loix du gouvernement, et le plus pur adorateur de la religion de ses pères , comme initiés à ses mystères.

Voilà, je l'avoue, bien des gens loin de leurs prétentions ; et ce n'est que quand ils ne les auront plus, qu'ils pourront être introduits dans le sanctuaire de la vraie philosophie où, loin de méditer des nouveautés dangereuses et nuisibles au genre humain, on lit dans son histoire, ce qu'il est, ce qu'il fut toujours en morale, en politique ou en religion; et on ne lui prêche alors d'exemple et de doctrine, que des principes qui sont dans sa nature.

Là, s'il veut une morale, un gouvernement propre à son caractère et à ses forces, on l'éclaire sur les principes, on lui en laisse appliquer les conséquences; s'il veut, en religion, des emblêmes sur les mystères trop nuds, trop inquiétans de la nature, on sait que dans tous les tems il a réalisé, divinisé ces emblêmes; on en saisit la clef, et on lui en laisse l'interprétation.

Là, on lit dans les archives de l'univers, que toutes les religions de la terre, établies par des hommes, furent le produit de la philosophie systématique; chacune citoit le sage, le grand philosophe qui en fut le fondateur, le rédacteur. Mais on y lit aussi, que par-tout, ce qui est peuple, depuis celui qui pense peu sous sa chaumière, jusqu'à celui qui imagine beaucoup sous ses lambris dorés, tous ont pris les emblèmes pour la vérité primitive, trop simple pour de tels yeux.

Puisque toutes les nations, sans exception, ont dans tous les tems travaillé en ce sens la religion primitive de leurs fondateurs; c'est donc un besoin pour la majorité de notre espèce, de ne la voir que couverte de ce voile pour se la rendre plus imposante! Est-on donc philosophe quand, au lieu d'étudier la nature, on entreprend en vain, contre l'expérience de tous les siècles, de la contrarier et de la détruire?

Mais quand on a visiblement la meilleure religion qui existe encore sur la terre habitée, et que, pour quelques obscurités qui n'en sont point pour de vrais philosophes, on l'anéantit à coups de hache avec les mœurs publiques, sans pouvoir la remplacer ; quand on a un gouvernement qui, de tous ceux qui l'entourent, a encore le moins d'inconvéniens, et que, pour quelques abus qu'on peut éclairer, on l'écrase sous les ruines de toutes ses institutions sages, et que l'on se croit philosophes ; c'est le comble de la frénésie d'un cerveau exalté.

O Français instruits, qui avez été séduits par de tels maîtres ! reconnoissez à ces monceaux de décombres et de cadavres, à cette terrible énumération de crimes, à ce débordement épouvantable d'immoralités où toute la nation vient d'être plongée, les bévues, l'ineptie, ou la profonde scélératesse des prétendus philosophes qui nous ont conduits, par vos mains, dans cet abîme où vous allez vous trouver engloutis avec vos victimes, si, indignés d'avoir été dupes d'une telle philosophie, vous n'entrez de bonne-foi avec moi dans l'examen des vrais principes, qui seuls peuvent nous faire tirer parti de nos malheurs, et nous faire remonter au vrai que nous cherchions en élaguant les abus. Donnons-nous mutuellement la main, pour nous retirer de ce précipice ; aidez-moi à rouvrir cette carrière antique à mes concitoyens ; et, après y être rentrés vous-mêmes par la porte de la conviction, peignez-en les charmes aux restes des hommes, sous les traits de vos agréables pinceaux, pour expier vos erreurs en donnant aux paradoxes les graces de la vérité.

Mais, qu'est-il besoin des fleurs de l'éloquence pour présenter la sévérité des principes à la conscience des hommes en place ? A qui doit-on la vérité toute nue, si ce n'est à ceux que les prestiges de la politique, les illusions de l'ambition, les erreurs de calcul d'un faux intérêt rendent les propagateurs, les fau-

teurs et les soutiens des mauvais gouvernemens, des institutions fausses ? Il
faut bien qu'ils lisent sur cette nudité
de la vérité, « que rien ne la couvre dans
la conscience ni dans l'opinion des
hommes ; qu'il est impossible de tran-
siger avec les principes ; que les loix
qui ne les respectent pas, ne sont pas
des loix, et qu'il faut descendre de sa
place, ou donner sa tête plutôt que
d'en sacrifier un seul ; parce qu'au-delà
est la responsabilité et le déshonneur,
les deux plus cruels bourreaux de la vie,
qui attendent le prévaricateur ».

PRECIS

PRÉCIS

HISTORIQUE ET CRITIQUE

Des Causes éloignées et prochaines de la Révolution en France.

LA France, après sept ans de fièvre, de transports et de convulsions épouvantables, se trouve dans un état d'affaissement physique, politique et moral, d'autant plus dangereux, qu'on n'a cessé de tirer de ses veines le plus beau et le plus pur de son sang ; de manière qu'il ne circule presque plus dans ses flancs, qu'une lymphe inerte, appauvrie, incapable d'atténuer et d'expulser, par sa propre énergie, les restes impurs de l'humeur virulente qui la corrode encore.

Tout Français échappé à la contagion, qui ne présenteroit pas à sa patrie expirante les moyens de salut qu'il auroit conçus, seroit une seconde fois son assassin ; pourvu, toutefois, qu'il se soit assuré qu'ils sont innocens.

Le premier moyen est de lui démasquer les puissans et dangereux empyriques qui la tuent ; le second est de porter le feu dans ses plaies pour les purifier : et s'il faut du courage pour cela, tout Français doit le trouver dans son cœur, ou achever de mourir, enveloppé d'un lambeau de cette lâcheté qui a tout perdu.

O mes compatriotes ! cessez de tout attribuer aux vils exécuteurs , aux infâmes bourreaux soudoyés qu'on a livrés à votre haine pour la détourner du véritable objet qui la mérite ; gémissez seulement qu'ils aient été pris dans le sein de la patrie ! mais portez toute votre indignation sur les cabinets où fermente contre le genre humain une politique machiavélique et infernale ; c'est-là que depuis long-tems le poignard empoisonné, qui vous a couvert de plaies ulcéreuses, a été forgé, trempé et accéré avant de le remettre à vos bourreaux! politique, il faut l'avouer, que notre cabinet, nos sophistes prétendus philosophes, nos corps administratifs, nos disputes d'école, notre immoralité soutenue d'exemples imposans, même à la Cour, enfin l'oubli et le mépris de tous les principes, ont servie et provoquée à merveille depuis plus de trois règnes.

O nation aimable, douce et généreuse par un heureux naturel! Pays charmant, où toutes les nations venoient puiser le bon goût, les lumières, les agrémens et les plus douces vertus de la société! comment en si peu de tems auriez-vous pu rétrograder contre votre propre caractère, au point de parcourir tous les degrés d'atrocité et d'avilissement où vous êtes tombée, si vous n'y aviez été poussés par une action méditée depuis long-tems? Tout annonce que vous avez été précipitée dans ce cloaque infect de tous les crimes par des mains étrangères, qui dénouoient chez vous, depuis bien des années, ces antiques liens formés par vos ancêtres, propres à enchaîner des hommes bouillans, insoucieux et légers, au gouvernement, à la morale, à la religion de leur pays.

Elle n'ignoroit pas, cette politique astucieuse, que, ces liens une fois brisés, on verroit bientôt se détacher de l'intérêt public cette foule populeuse, toujours à deux doigts de la férocité, qu'une grande nation traîne impolitiquement après elle par la bride de l'ignorance, à une distance immense de ses classes perfectionnées.

Je dis impolitiquement, car l'intrigant, le factieux qui a toujours l'œil sur cette bride, la saisit aussi-tôt que la main du gouvernement la néglige.

Alors cette foule effrénée est à ses ordres ; elle se rue sur l'État, qu'elle couvre du débordement de ses passions ; elle écrase dans sa course les meilleures institutions dont on n'a pas pris la peine de lui montrer les avantages liés à son intérêt, sur lequel on ne l'a pas plus éclairée.

Alors toutes les lumières sont éteintes, et

le factieux, qui seul voit son but dans cette nuit profonde, conduit la foule aveugle : tandis qu'une instruction un peu plus soignée lui eut fait éviter le piége.

Hélas ! lorsqu'au premier crépuscule, qui annonçoit le retour de la lumière, je remontois tristement ce fleuve de sang qui s'étoit répandu sur la France ; pour en trouver la source, je me suis dis : « Pourroit-il donc » exister, parmi les têtes humaines, un cer- » veau qui ait reçu assez d'étendue en » infamie pour concevoir un projet si com- » plet d'atrocités, de barbarie, de perfidie, » d'immoralité, pour calculer sans effroi le » produit épouvantable de ce débordement » des passions avant d'en lâcher le torrent ? » Hélas ! s'il existe, laissons à l'histoire le » soin de dénoncer à une génération moins » susceptible de vengeance, ce premier des » scélérats ! N'ajoutons pas à tant de pensées » pénibles, celle qu'un tel monstre puisse » respirer parmi des êtres de notre espèce ! » Croyons, pour l'honneur de l'homme, que

» ce produit affreux a passé les conceptions » humaines » ! (1).

Tout ce qu'on sait cependant, à n'en pas douter, sur cette page horrible de notre révolution, c'est que des agens qui parloient mal notre langue, avec de l'or frappé à un coin étranger, pendant nos trois législatures, ont jeté la corruption dans toutes les mains et dans tous les cœurs qui en étoient susceptibles, achetant le talent de l'un, le crédit de l'autre, l'audace de celui-ci, la fureur de celui là, et que tout étoit dirigé à un but de désorganisation et d'avilissement combiné.

On savoit qu'il est une passion qui ne dort jamais dans le cœur humain : « la ja» lousie des classes inférieures contre les » supérieures ».

____

(1) En tous cas, des agens répandus sur tous les points habités de la France, pour sonner au même instant l'alarme sur des brigands dévastant tout, afin de nous faire armer, sans que l'auteur fut connu, annonçant un plan, une tête, ou une unité de dessein.

On a fait décréter « *l'égalité* »; aussi-tôt toutes les classes de la société se sont dévorées, tombant les unes sur les autres; la dernière seule, ne pouvant descendre, est restée debout au milieu des cadavres de ses meilleurs amis qu'on lui a fait égorger, sur les ruines des asyles consacrés à son infortune, qu'on lui a fait démolir.

On a tout flétri dans le cœur humain, honneur, religion, probité, morale, patrie; tout jusqu'aux termes les plus nobles de notre langue, ne rappelle plus que des idées fatales.

Il est cependant encore des Français échappés au poignard, pour qui toutes ces expressions ont toute leur antique signification. Ces hommes éprouvés et intègres sont les seuls dignes de prononcer, devant les nations, ce beau mot du plus loyal des Français : « *Tout* » *est perdu, fors l'honneur* ». C'est une propriété nationale inaliénable; nous le prouverons à celles qui ont cru nous en dépouiller.

Le premier pas que nous avons à faire pour cela, c'est de parcourir, avec autant de repentir que d'effroi, les fautes qui ont provoqué et servi les desseins, long-tems médités, que cette politique affreuse vient d'accomplir sur nous. Ouvrons les pages fatales de notre histoire ! Nos pères ne sont plus ; mais nous verrons que nous portons aussi le poids de leurs fautes grossi par les nôtres.

Règne d'Henri IV.

D'ABORD lorsque la branche, actuellement si malheureuse des Bourbons, succéda à celle des Valois, le trône, souillé de sang et d'immoralité scandaleuse, étoit, comme il devoit être, entouré de factieux et de mécontens. Le poignard sacrilége, dont une main horriblement superstitieuse ou atroce avoit égorgé les protestans au jour à jamais exécrable de la Saint-Barthélemi, étoit resté dans la plaie, et attendoit un vengeur pour l'en tirer et le replonger dans le sein d'une génération innocente. Oui, nous avons entendu ce sang bouillonner de vengeance, et crier de plus haut en plus haut, jusqu'à ce qu'elle ait été exécutée sur nous dans ces tems affreux; « O Dieu ! votre justice châtie » donc une nation sur toutes ses générations ! » Quelle leçon aux gouvernemens ! quel » exemple aux peuples » !

Henri IV, le chef de sa branche, roi aussi honnête homme que guerrier vaillant, fit, comme presque tous les grands hommes, de grandes choses et de grandes fautes.

Son cabinet méditoit un plan de conquêtes, de partage, et de balance en Europe, qui transpira et donna l'éveil à la politique jalouse des autres cabinets contre sa maison, qui passa toujours depuis pour ambitieuse. L'histoire même laisse douter si le couteau de Ravaillac n'est point sorti de cet antre infernal, où tous les moyens à employer contre ses voisins, dépendent de la trempe d'ame, de l'intérêt ou de la bile d'un ministre. Tout le monde sait sur quels motifs légers, des guerres horribles et sanglantes ont été arrêtées dans le cabinet des princes contre leur propre intérêt.

Règne de Louis XIII.

Sous Louis XIII, roi aussi foible que soldat valeureux, le cardinal de Richelieu qui régnoit fortement, enchérissant sur le prince de Machiavel, déploya un systême qui, faisant tenir à la France la balance de l'Europe, lui suscitoit de puissans ennemis : tout moyen étoit employé à l'appui de son systême ; on sent bien qu'il n'entre, dans une telle politique, ni scrupule ni remords.

La chronique avance, à la vérité sans une preuve bien complette, que ce ministre roi fit passer à l'anglais, Hamdens, soixante-cinq millions pour favoriser la rébellion d'Irlande : si cela est, on s'en est souvenu à Londres, et on vient de nous les rendre en livres sterlings.

C'est encore le cardinal de Richelieu qui excita la haine et la fureur des puritains contre l'infortuné Charles Ier, roi d'Angleterre, pour se venger des hauteurs et du refus désobligeant qu'on lui fit d'entrer dans ses vues d'oppressions de la reine, mère de Louis XIII. Voici ses propres paroles dans une lettre au comte d'Estrade, son ambassadeur à Londres, datée de 1637.

« Le roi et la reine d'Angleterre se repen-
» tiront, avant un an, d'avoir négligé mes
» offres : on connoîtra bientôt qu'on ne doit
» pas me mépriser, etc. ».

Il envoya un prêtre irlandais, qu'il avoit à ses ordres, semer la discorde à Londres et à Edembourg.

On diroit que Pitt a été chargé de répondre à cette lettre en 1789.

Règne de Louis XIV.

LOUIS XIV fut le père du plus beau siècle qui puisse illustrer une nation ; car, depuis la chûte de Rome et le crépuscule des lumières sous les Médicis, c'est de son règne glorieux et énergique, comme de celui d'Auguste et d'Alexandre, que l'Europe savante date l'ère de ses connoissances en tous genres.

Mais c'est aussi de ce règne turbulent, despotique et ambitieux, que l'Europe politique date l'époque de son mécontentement plus général, de sa jalousie contre l'esprit de notre cabinet, contre l'ambition de la maison régnante, et médite une vengeance aussi éclatante, que son humiliation, sous ce superbe vainqueur, fut frappante et outrée.

Il faut en convenir, Louis XIV mit une forte partie de sa gloire à humilier ses voisins, à conquérir leurs provinces, à porter sa maison sur divers trônes. On sait qu'il employoit la ruse et les petits moyens d'une diplomatie machiavélique pour anéantir des traités solemnels, des renonciations formelles, des sermens prononcés, pour conserver ses conquêtes; et dès-lors il laissa dans la brêche qu'il faisoit au droit public, à l'intérêt de ses voisins, les traits empoisonnés qu'ils ont reportés dans notre sein.

En lisant dans l'histoire la conduite de Louis XIV envers la maison infortunée des Stuard, il semble lire la conduite actuelle de la maison d'Angleterre envers celle des Bourbons, tant il est vrai qu'aucune faute ne demeure impunie.

Le Cabinet de Louis XIV encore jeune, en traitant avec Cromwel, approuva l'assassinat de Charles I, et la république qui fut le fruit de son sang : on refusa des secours à la digne fille d'Henri-le-Grand, veuve de cet infortuné monarque ; on obligea même cette princesse de France de fuir, avec son malheureux fils, son pays et sa famille, pour ménager un scélérat farouche qui venoit de donner aux rois une leçon terrible dont leur Cabinet ne leur permit pas de se venger : ainsi Cromwel, d'un seul coup, égorgeoit son roi et humilioit tous les autres. Est-il avilissement comparable à celui de traiter avec un tel monstre, en lui sacrifiant les intérêts de sa propre famille ? A qui Louis-le-Grand et la France sont-ils redevables de cet opprobre ? A Mazarin, qui vouloit marier sa nièce au régicide. Rois ! voilà comme vos ministres trafiquent de votre gloire.

Dans la suite, un des petits-fils de l'infortuné

Charles fut chassé de ses Etats par son propre gendre. Alors Louis XIV, régnant par lui-même, le reçut en grand roi ; mais son Cabinet traita avec l'usurpateur et ne donna au prince de Galles, fils du roi détrôné, que des secours qui devoient le faire succomber. Louis XIV acheva dans la suite de désespérer cette maison.

En morale, la vertu, le malheur sont des titres à l'intérêt ; la perfidie, l'atrocité, l'injustice en sont à l'horreur, à la vengeance.

Mais en politique, il suffit qu'un prince soit malheureux, pour être repoussé, même avec violence, de la Cour de son semblable : il suffit qu'un scélérat soit heureux, pour se voir accueillir et même rechercher avec la dernière bassesse par ceux qui ont le plus grand intérêt de venger son crime. O grands rois ! que la politique vous rend petits dans l'histoire des hommes même ordinaires ! Tous ont l'honneur de leur famille à cœur ; aucun ne voudroit traiter avec un vil assassin, un vil fripon. Avez-vous donc une morale ou un

cœur différent des autres hommes ? Oui ,
répond la politique : un souverain ne doit
point exposer le salut de son peuple pour
les intérêts de sa famille ! Superbe maxime ,
dans un sens ! Mais s'il s'agissoit de venger
l'orgueil d'un ministre , la nation n'auroit pas
assez de sang , ni vos coffres assez d'or. Voilà,
princes , le cas que la politique fait de vous.

Rapprochons ici de l'histoire déjà ancienne
de la maison des Stuard , l'histoire récente de
la maison de Bourbon. Quelle main perfide conduisoit le duc d'Orléans, par l'appas du trône ,
à l'échafaud ? C'est la même qui excitoit et
payoit l'insurrection en France? c'est la même
qui fit condamner Louis XVI; c'est la même qui
fit chasser les princes Français de la Cour de
leur oncle , de la Cour de leur beau-père, des
État de Venise , et le prétendant de France
de sa propre armée ; c'est la même qui donna
au comte d'Artois les secours perfides de l'Isle-
Dieu et de Quiberon , et qui le retient encore
prisonnier à Londres. Voyez comme la ven -
geance va toujours croissant , et calculez la

valeur d'une politique qui la provoque! Reprenons les opérations de celle de Louis XIV.

Avide de domination, ce potentat, rassasié de gloire, entreprit dans ses États de porter son autorité au-delà des bornes de l'empire des rois; il voulut commander où Dieu seul règne par la persuasion, je veux dire dans l'opinion et dans les consciences.

Il révoque envers une secte nombreuse de ses sujets, le titre et les conditions auxquelles elle s'étoit soumise à sa maison: il mécontente, il persécute, il dépouille, il fait égorger une partie de ces Français, et force le reste, échappés aux dragonades, de fuir leur patrie, couverts du sang de leurs pères, ruinés et aigris, d'aller porter à l'étranger déjà si mal prévenu, avec nos lumières, notre industrie, notre commerce, nos arts, l'esprit de haine et de vengeance héréditaire que des procédés si horribles ne pouvoient manquer d'y fomenter.

Et voilà comme nous avons trouvé, dans cette

cette révolution, toute l'Europe protestante prévenue contre nous.

Cette faute ne peut certainement pas se couvrir de ces superbes vues politiques que lui attribuoient ses flatteurs catholiques, en le louant de son zèle à ramener l'unité de culte en France, à éteindre un foyer de division et de révolte dans son royaume.

Premièrement parce que, quelque brillante que soit une vérité spéculative, dès que les moyens de la réduire en pratique sont immoraux, injustes, inhumains, elle est impraticable ; en second lieu, parce que, quand ces moyens sont impolitiques à l'extérieur, elle est contraire aux vrais intérêts de l'État.

En France, on anéantit les sectes par le ridicule, on les pacifie par le mépris de leurs disputes ; on ne les accrédite pas, et on n'obstine pas une nation ardente par la persécution.

C'est ainsi que, dans le règne suivant, le régent culbuta le jansénisme sur le molinisme, au milieu des éclats de rire et des chansons des Français : c'étoit user adroitement du caractère de sa nation.

Je conviens que le protestantisme étoit en France sur des bases plus sérieuses et plus anciennes que les nouveautés jésuitiques; mais si cette secte inquiète avoit provoqué sa ruine en troublant la tranquillité publique, une défaveur un peu plus marquée, une surveillance un peu plus sévère, jointes à un ridicule un peu plus soutenu, enfin un peu plus de rapprochement de la part de la religion dominante, auroit insensiblement démoli le temple de cette secte, sans écraser les sujets utiles qui s'y rassembloient.

Malheureusement Louis XIV, vieilli dans les succès, étonné, dans ses derniers jours, d'éprouver des revers comme un simple mortel, ne déridoit plus son front. Cet homme à grandes passions, comme sont tous les héros, cherchant à exalter son ame fière au-dessus de ses malheurs, par les idées sublimes de la religion, s'étoit malheureusement entouré de dévotes chagrines et de théologiens sourcilleux : ces personnages mélancoliques lui montroient une gloire sérieuse à détruire une secte , et lui promettoient une couronne immortelle pour cette expédition tout - à - fait agréable à Dieu.

Lorsque le vieux monarque eut achevé cette dernière croisade contre ses sujets protestans , il s'agissoit de fournir d'autres alimens à son héroïsme religieux. Son conseil de dévotion se mit à disputer de théologie , et de ces disputes sortirent deux nouvelles sectes à combattre ou à persécuter, et c'est toujours par ce sérieux qu'il donna une telle consistance au jansénisme et au molinisme, que l'État fut ébranlé du choc de ces deux inepties.

La France fut peuplée de mécontens et de controversistes. Leurs disputes , auxquelles tout le monde prit part, enfantèrent une autre secte de sophistes, qui, sous le beau nom de philosophes, se donnèrent pour médiateurs , et sapèrent sourdement les fondemens de la religion et de la société , de manière à faire crouler ces deux édifices à la première secousse.

Ajoutez à toutes ces fautes en politique et en morale, celles en finance d'épuiser les ressources de l'État pour satisfaire à une représentation, à un luxe, à une ambition si démesurés, que, sous les règnes suivans, on crut n'avoir aucun moyen d'en remplir le *deficit*, et on fit comme lui ; on ruina la nation par anticipation.

Règne de Louis XV.

LOUIS XV, dans sa frêle minorité, vit ses États livrés à l'insouciance philosophique d'un régent fort gai, fort spirituel, fort français, qui, se jouant de l'état désespéré où on lui avoit remis les finances, appela un empirique pour les guérir, qui acheva de les ruiner par système.

Tandis que, d'un côté, le régent eut le bon esprit d'abattre, par le ridicule (massue d'Hercule en France) ces sectaires obstinés, sortis d'un règne encroûté d'une dévotion chagrine et disputeuse, d'un autre côté, il accueilloit, il donnoit la main à une secte moqueuse qui, sous

le masque de la philosophie, avec la hache
du ridicule et les graces de l'esprit, coupoit,
comme préjugés, les liens les plus essentiels
à une grande et ancienne société.

Louis XV, le monarque le plus heureusement né pour le bonheur des peuples, pour
la sage et ferme administration d'un État, avec
la morale, la probité, la modération qui honorent l'homme et le roi, Louis XV fut un de
nos souverains dont les mœurs furent le plus
dégradées par la corruption de ces courtisans
tarés de la secte philosophique dont il se trouva
entouré en naissant, et qui le plongèrent dans
une mer de voluptés jusqu'à la dissolution.

D'abord, par une suite du système de la balance imaginée par le cardinal de Richelieu,
il fut entraîné, au commencement de son
règne, dans une guerre qui porta presque la
ruine et le désespoir dans la maison d'Autriche, et qui laissa dans cette maison un motif de vengeance dont l'effet ne fut retardé
que par la modération avec laquelle le vainqueur de Fontenoi sut user de la victoire, au

plus beau jour de sa vie, et faire justice de ses conquêtes à ses ennemis vaincus.

Tant il est d'expérience que la modération et la justice entrent tellement dans l'intérêt même politique du genre humain, qu'elles sont les bases d'une morale publique et d'une politique sage et solide.

Heureux, si, comme en ce beau jour de victoire sur lui-même et sur ses ennemis, cet aimable prince n'eût jamais pris de conseil que de ce caractère de modération et d'équité, de cet esprit de justesse qu'il avoit reçu de la nature, et s'il n'eût toujours donné sa confiance qu'à des hommes aussi sages, aussi mûrs que le cardinal de Fleury, qui, comme Sénèque, étoit alors son ministre, après avoir été son précepteur!

Mais son cabinet, qui fut rarement de son avis, parce qu'il le donnoit avec trop de modestie et de défiance, son cabinet ne laissa pas durer long tems cette paix si honorable au monarque et au ministère français.

Les cabinets politiques, qui font consister

toute la science du gouvernement en ruses et en perfidies, ont toujours à se venger les uns des autres, et ces vengeances, toujours méritées, ouvrent au milieu du globe habité une source intarissable de guerres, de meurtres, de ruines et de malheurs pour le reste du genre humain.

Le cabinet de Versailles, qui avoit poussé à bout la maison d'Autriche, avoit encore à se venger du cabinet de Berlin, pour avoir trahi notre alliance dans la dernière guerre, en faisant tout-à-coup une diversion en faveur de Marie-Thérèse. Cette princesse s'étoit vue forcée d'acheter cette perfidie au prix d'une de ses provinces que nos protestans réfugiés avoient rendue riche et industrieuse.

La France s'unit à son tour avec cette même maison d'Autriche qu'elle combattoit depuis des siècles ; toutes deux, dans le dessein d'anéantir cette monarchie naissante qui avoit le besoin et la force de s'agrandir.

On lui fit donc une guerre qui eut d'abord des succès, au point de réduire Frédéric le philosophe d'écrire à sa famille, en 1757, et à sa secte philosophique, « que tout étoit perdu, » et qu'il étoit bien déterminé à finir ses jours » et la destinée de sa maison par un beau dé- » sespoir ».

Voltaire fut chargé de négocier secrètement pour la paix ; Frédéric en écrivit au maréchal de Richelieu à la tête des armées. Le beau moment pour notre gloire, pour notre intérêt politique ! mais il fut de courte durée (1).

La marquise de Pompadour, qui régnoit sur le cœur du roi, fit présenter la victoire à Frédéric par des généraux de son choix, et rendit cette guerre, si bien commencée, la plus désastreuse et la plus humiliante que puisse soutenir une grande monarchie contre une puissance à peine titrée. On ne put la finir qu'en signant une paix plus ruineuse et plus

---

(1) Voyez la correspondance du roi de Prusse et de la margrave de Bareithe, sa sœur, avec Voltaire, dans ses Œuvres, édition de 1785 ; et vous y verrez bien autre chose sur ce qui nous arrive aujourd'hui.

humiliante encore. Les conditions dures en furent impérieusement dictées par le cabinet de Londres, réuni d'intérêt et de gloire avec celui de Berlin.

Ils abusèrent à leur tour d'une prospérité constante, et brisèrent, dans les flancs de la France écrasée, le fer qu'ils y avoient enfoncé jusqu'à la garde, sans penser aux moyens de vengeance qui restent toujours à une grande nation, et au besoin que lui en font de pareils procédés.

Frédéric le philosophe, si l'on peut nommer ainsi le politique le plus astucieux, qui s'est joué de tout ce que la vraie philosophie ménage et honore, « les traités, les alliances, » le droit des gens, celui de la guerre, les » propriétés des princes, la religion des » peuples »; Frédéric vainqueur, après avoir versé à grands flots le plus beau sang de la France, ne put à ce prix lui pardonner d'avoir fait chanceler la couronne royale sur sa tête; et nous considérant comme un obstacle éternel à l'agrandissement médité de sa Maison aux dépens de ses voisins, ce héros, après avoir déposé le glaive de la guerre sur l'autel de la paix, nous fit sur-le-champ, avec la même plume dont il venoit de signer la paix, une guerre de secte infiniment moins honorable pour lui, mais plus dangereuse pour nous.

Ce prince, couronné des lauriers de Mars et d'Apollon, se mit à la tête de cette tourbe brillante de discoureurs, de sophistes, qui, sous le manteau de philosophes, prétendoient donner chez nous, au règne de Louis XV, le titre imposant et nouveau de siècle philosophique.

Il n'en coûta au philosophe couronné, pour enrôler nos beaux-esprits et faire dévier leur philosophie au profit de ses vues politiques, que quelques flagorneries, quelques hochets brillans, très-peu d'or, car il étoit économe : il fit entrer, dans cette fédération politico-philosophique, les têtes couronnées avec lesquelles il méditoit un plan d'agrandissement très-peu philosophique.

L'héroïne du Nord, et bien d'autres souverains subalternes entrèrent en commerce familier avec nos savans ; ce qui, avec la morgue écrasante et mal-adroite du ministère et du haut clergé qui ne surent jamais qu'éteindre des lumières qu'ils pouvoient faire briller à leur profit, acheva de leur tourner la tête et de les naturaliser Prussiens au milieu de la France (1).

C'est à la tête de cette troupe de mécontens habiles et dangereux qu'on nous fit une guerre d'opinion qui mina sourdement sous le trône et l'autel, et commença cette excavation épouvantable qui fit crouler la monarchie à la première commotion du volcan révolutionnaire, dont ils attisoient dès-lors les matières inflammables.

____

(1) On sait que si Joseph II n'écrivit pas à nos philosophes, et ne vit pas Voltaire à son passage à Genève, ce n'est pas qu'il ne partageât les sentimens de Frédéric à cet égard ; mais Marie-Thérèse, dont ce malin poëte avoit moqué la dévotion, le lui défendit. Voyez les lettres du roi de Prusse, ci-dessus citées.

A la simple lecture de la correspondance épistolaire de Voltaire , d'Alembert et compagnie, avec le roi de Prusse et compagnie , édition déjà citée de 1785, on sera convaincu de ce que j'avance jusqu'à l'indignation.

J'aime à croire pour l'honneur du cœur humain que, si le gouvernement se fût concilié ces hommes de génie, au lieu de les faire dévier de la vraie philosophie par une persécution mal-adroite qui aigrit le cœur, n'en impose jamais à l'esprit, et donne du crédit à ce que l'on voudroit anéantir ; si on ne les eût point laissés former en secte et recevoir un esprit de parti , un intérêt de compagnie par l'adresse de nos ennemis; en couvrant la mise, on eût fixé leurs talens à la gloire et au bonheur de leur patrie : car isolés ils cherchoient de bonne-foi la vérité parmi les décombres de l'antiquité, et sous la poussière dont les préjugés couvrent à la longue les meilleures institutions ; ils en eussent éclairé les erreurs , adouci l'âpreté , en les rapprochant de leur esprit primitif, sans les brusquer avec humeur et les jeter avec colère dans un vuide épouvantable comme ils l'ont fait.

La réforme des abus qui a tout prêté à la révolution eut été insensible et salutaire, et l'époque de nos malheurs eut été reculé ; mais, dans les hautes places, on ne vouloit pas se réformer, on trouvoit qu'il étoit infiniment moins pénible de persécuter ; cela n'est pas si grand, mais cela parut plus simple : on a vu le profit qu'on a tiré de cette conduite.

Hélas ! à la honte éternelle de l'esprit humain, on ne peut se dissimuler que ces hommes d'un génie rare n'aient été dupes de cette intrigue de cabinet, ou corrompus par l'or de nos ennemis ; car c'est un fait constant qu'ils ont parfaitement rempli leurs vues en démolissant tout chez nous sans rien reconstruire.

J'ai vu dans cette fatale correspondance de nos philosophes avec nos ennemis, cette secte habile s'emparer de l'opinion, dénouer adroitement et par système tous les liens des deux autorités; tantôt en se servant de l'arme terrible du ridicule, tantôt en relevant les fautes énormes en politique et en morale du ministère français, de l'administration des finances, des cours judiciaires et du clergé, qui abusoient, à qui mieux, d'une autorité sans surveillance; tantôt en intrigant pour éloigner des places de l'administration les sages inflexibles et les remplir de leurs sectaires, mais sur-tout en s'emparant exclusivement de l'empire des lettres pour maîtriser la pensée et forcer l'opinion.

On sait jusqu'où a été porté le despotisme académique sur les gens de lettres; on sait qu'il n'y avoit de couronnes que pour les partisans de son opinion, la supériorité du talent n'étoit point le seul titre pour les obtenir, la religion du pays sur-tout, celle même de la nature, avoient l'exclusion (1).

____

(1) Tout le monde a connu le beau programme que l'académie a publié en 1785, pour un cathéchisme de

On connoît nominativement les académiciens qui, dans les trois législatures, conduisoient leur patrie à une dissolution complette et systématique ; le voile d'hypocrisie dont cette secte habile se couvroit avec tant d'art est maintenant déchiré. Si on se laisse un instant séduire par des simulacres de vertus brillantes publiées avec éclat, on recule épouvanté devant les horreurs dont ces sibarites se vantoient dans leurs propres écrits ; on est indigné du souverain mépris qu'ils avoient du genre humain et de celui qu'ils marquoient spécialement à leurs compatriotes.

O turpitude ! ô Français ! étoit-ce donc à de tels apôtres qu'il falloit sacrifier son gouvernement, sa morale, sa religion ? Ignoriez-vous les ramifications que cette secte ambi-

---

morale destitué de tout principe religieux ; le prix n'en a point été accordé, parce que tous les ouvrages présentés supposoient au moins l'existence d'un Dieu. On ne s'étoit point encore persuadé que ce fût-là une idée superstitieuse ; mais peu d'années après, elle fut déclarée telle légalement.

tieuse avoit dans toutes les Cours, dans tous les Cabinets, dans toutes les compagnies de l'Europe jalouse de votre gloire! Voltaire n'avoit-il pas eu l'impudence de vous ouvrir les secrets de sa Correspondance, et Jean-Jacques de ses Confessions? Étoit-ce donc à de tels hommes qu'il falloit prodiguer le nom de philosophes? Depuis quand les éclairs d'une imagination sulfureuse ont-ils pu mériter les honneurs du bon esprit, des lumières pures, de la raison saine et de la vérité? Depuis quand la hardiesse des assertions, l'insouciance irréligieuse, l'impudence littéraire ont-elles pu l'emporter sur les sages recherches, la piété raisonnée, la candeur des mœurs où conduit la vraie philosophie, si ce n'est dans un siècle tout - à - fait corrompu? Et n'est-ce pas un blasphême d'attribuer à la saine raison, à la saine philosophie, les désordres d'une imagination libertine, les crimes, les immoralités qu'elle rectifie, qu'elle déteste et qu'elle condamne?

N'ajoutons pas à nos pertes, à nos malheurs,

heurs, celui de nous mépriser assez nous-mêmes, pour ne vouloir plus user des seules lumières qui nous éclairent sur les moyens d'y remédier !

Ce seroit servir à la lettre la politique infernale qui voudroit nous dégrader de la raison même, afin de nous courber le dos sous le joug qu'elle nous prépare. O Français ! descendrons-nous jusques-là !

Louis XV qui avoit sacrifié ses mœurs au philosophisme de son tems, sans néanmoins lui sacrifier ses opinions, ajouta à la faute de n'avoir pas su diriger au bien l'esprit philosophique de son siècle, beaucoup d'autres fautes en politique qui ont préparé la révolution que nous éprouvons.

Lorsque les puissances du Nord se sont précipitées comme des oiseaux de proie sur la Pologne, le cabinet de Versailles y prit trop peu de part pour empêcher cette invasion attentatoire au système politique de l'Europe dont il tenoit la balance, et en prit assez pour se compromettre en pure perte et aigrir ces puissances sans leur en imposer.

Aussi cette troupe ridicule qui fut envoyée *in-cognito* en Pologne, sous les ordres de M. de Vioménil, pour y soutenir les intérêts de la France, fut traînée au char du vainqueur, moquée dans toutes les Cours comme elle devoit l'être, et couverte des mauvaises plaisanteries de la philosophie dans tous les papiers du tems.

Catherine II, Joseph II et Frédéric le philosophe ne nous ont point pardonné ces petits moyens contre leurs vastes projets d'invasion et de partage; ils en ont écrit à nos philosophes chargés de les venger par ce *ridiculum acri*, qui fut toujours dans leurs mains l'arme la plus désolante et la plus désastreuse que nos ennemis pouvoient tourner contre nous.

Louis XV, qu'on noyoit de plaisirs, laissa faire en Corse en son nom une guerre ruineuse à des sujets révoltés, qu'il a bien écrasés du poids de la France, mais qu'il n'a jamais domptés.

On vit avec indifférence passer chez notre ennemi naturel un général piqué dont on avoit fait la réputation par des demi-mesures, et qu'on eût dû attacher à notre service; Paoli détruisit dans le cabinet de Londres l'effet de la modération et de l'éloignement pour les conquêtes que Louis XV avoit montrées jusques-là, ce qui réveilla l'envie contre nous.

Enfin, ce long règne qui auroit pu être le plus doux, le plus sage, qui commença par la vertu et l'amour, finit par la corruption et le mépris.

Des dépenses aussi scandaleuses qu'énormes ruinèrent en même tems les finances et les mœurs. Pour y subvenir, on fit faire au monarque le commerce des bleds de son royaume; et par un monopole épouvantable, au milieu de l'abondance, il réduisit ses sujets à une famine si pressante, que dès-lors ils s'armèrent contre l'autorité; preuve de sa foiblesse, présage de sa chûte, germe empoisonné de cette insurrection qu'on a mise depuis au nombre des plus saints devoirs d'une nation fougueuse. .

L'exemple en tout genre d'abus, parti du trône, influoit sur tous les corps, relâchoit toutes les institutions sociales, souilloit toutes les familles. Le mépris de la foi conjugale marqué à la Cour, le mariage si cher aux mœurs, si intéressant à l'État, n'étoit plus dans nos grandes maisons qu'un voile antique de religion déchiré sur des infamies. Et quelle est la génération qui ne reculera pas d'horreur, lorsqu'elle lira dans l'histoire de ce siècle, que les grands du royaume se fussent cru du plus mauvais ton, si parmi eux chacun des époux n'eût affiché l'adultère à grands frais, souvent même dans leurs propres maisons !

Ainsi la corruption entroit de source dans les familles ; les enfans la suçoient avec un lait impur ; leur éducation s'en sentoit, et leur jeunesse étoit précipitée dès les premiers pas dans une mer de dissolutions.

On sent bien qu'avec de telles mœurs, la

religion devenoit importune, et le mépris dont les grands la couvroient achevoit chez le peuple la ruine de la morale.

Aussi l'audace, l'impudence, les mœurs les plus effrénées, les dettes les plus scandaleuses, furent considérées à cette fatale époque comme marquées au coin du bon ton, du grand air, de la force d'esprit, tous mots ronflans plus sonores que les loix chez une nation légère. Des édits honteux arrachoient à la classe laborieuse et économe des contributions aussi multipliées que désastreuses, pour fournir à tant d'immoralités et de profusions.

Les sophistes profitoient de toutes ces fautes qu'eux-mêmes avoient fomentées par leurs écrits licencieux, pour crier comme philosophes, contre des institutions vieillies qui tomboient de corruption ; institutions utiles que de vrais philosophes eussent cherchés à restaurer, mais qu'une secte vendue à l'ennemi devoit detruire.

Louis XV, si peu sévère dans l'usage de sa

morale , l'étoit pourtant en principes religieux ; et malheureusement cette inconsé-
quence n'est pas extraordinaire parmi les
hommes. Louis XV, en donnant aux disputes
dogmatiques quelques attentions sérieuses dé-
robées au plaisir , faillit ressusciter ces sectes
dangereuses que le régent avoit enterrées
sous la tombe du ridicule.

Son parlement, sectaire lui-même, conséquemment persécuteur , ou pour mieux dire
frondeur , alloit rallumer contre la Cour une
haine de secte , lorsque , sous le voile du bien
public, portant ses regards inquiets jusqu'au
trône , il l'attaqua par une révolte ouverte ;
il força par son audace le monarque insoucieux de frapper ce coup de vigueur qui ren-
versa ce colosse menaçant le trône , et finit
par ce fait hardi , le procès pour le moins ridicule qui duroit depuis des siècles entre le
souverain et ses officiers de justice.

Mais, avant de frapper ce coup décisif qui
devoit réjaillir sur le trône s'il étoit mal ap-
pliqué , il falloit donc s'assurer des moyens

d'empêcher à jamais le retour d'un corps si dangereux ; et c'est ce qu'on ne fit pas.

D'abord, on le remplaça mal, parce qu'on n'avoit pas eu l'adresse auparavant de se saisir de l'opinion pour la tourner au profit de la cause du roi ; ce qui ne demandoit qu'un exposé des procédés et des intrigues de ce corps inquiet qui avoit provoqué sa ruine pour une cause tout-à-fait étrangère aux intérêts du peuple, mais qui devoit trouver des appuis dans l'intérêt des grands, etc. On ne soutînt pas les successeurs qu'on lui avoit donnés ; on ajouta même le mépris de la Cour au ridicule dont la ville les couvroit.

En second lieu, on ne se donna pas la peine d'examiner de quelle trempe seroit le règne futur qui approchoit, afin de lui ôter les moyens de se nuire à lui-même, en rappellant quelques jours une compagnie que le peuple, toujours dupe, vénéroit encore, et qu'il regardoit comme victime de ses intérêts. Il ne s'agissoit pour cela que de lever l'enchantement, en lui dévoilant le profond égoïsme que ses prétendus protecteurs cachoient sous un faux zèle pour lui. L'exposé seul de la cause de sa révolte et de sa chûte auroit suffi pour lui donner une mort éternelle, puisqu'il étoit démontré que c'étoit pour soutenir des prétentions altières et factieuses contre l'autorité, que ses juges s'étoient insurgés contre la souveraineté.

Je conviens, avec leurs partisans, de la nécessité d'un corps intermédiaire entre l'autorité d'un seul et les intérêts de la multitude; mais il faut d'abord que ce corps ait un caractère pour cela dans sa propre constitution, que les bornes de son pouvoir y soient marquées, et qu'il puisse être contraint de s'y renfermer s'il osoit les passer.

Le parlement n'avoit rien de tout cela; c'étoit un pouvoir usurpé et sans autres bornes que le plus ou le moins d'énergie de la Cour; nous reviendrons là-dessus en son lieu; achevons de relever les ombres du tableau de ce règne qui ont contribué à couvrir le suivant d'un crêpe funèbre.

Le cabinet fit sous Louis XV à l'égard du Prétendant au trône d'Angleterre, ce que fît le même cabinet sous Louis XIV à l'égard de son père ; l'infortuné Stuard fût obligé de sortir de France à la paix honteuse d'Hanovre. Le cabinet de Londres rend aujourd'hui tout cela à la maison de Bourbon.

Louis XV rassasié de voluptés jusqu'à un degré à jamais déplorable, mourut comme on avoit voulu qu'il vécut, après avoir conclu, sous les plus funestes auspices, le mariage de son successeur avec une princesse d'une maison ennemie de la sienne, qui avoit des vengeances à exercer contre un cabinet dont on sait que l'esprit ne meurt pas avec ses rois.

Règne de Louis XVI.

Louis XVI le plus honnête homme de son royaume, le meilleur économe, le prince le plus moral, l'époux le plus fidèle, le père le plus tendre, le roi le plus dévoué au peuple et le mieux intentionné que la France ait eu , faute de caractère et de moyens , attira sur lui et sur ses Etats, toute la masse de l'orage formé et grossi par les fautes que nous venons de nombrer dans les règnes précédens.

Il accomplit sur lui et sur nous les desseins perfides que méditoient depuis long-tems les Cours humiliées par la nôtre, une politique jalouse de l'état de grandeurs, de perfections et de puissance où nous étions montés par notre propre énergie , et des Cabinets à qui la facilité du nôtre avoit permis de grands projets de partage en Europe.

Il succédoit à un prince qui, dans ses dernières années, s'étoit autant aliéné le cœur de ses sujets qu'il en avoit été l'idole dans sa jeunesse ; Louis XVI vouloit à tout prix être aimé ; c'est une belle passion, la seule qu'il se soit permise à l'excès : heureux s'il ne se fût pas trompé sur les moyens.

Sa jeune épouse vouloit, en Autrichienne, régner , briller et marquer ; il lui falloit des applaudissemens, et depuis long-tems on en refusoit à la Cour.

Tout ce qui est peuple en France, et il y en a beaucoup, regardoit toujours l'ancien parlement comme une victime de son dévouement aux intérêts de la nation contre le despotisme : des courtisans valets ou vendus à la faction, promirent à ces jeunes époux des applaudissemens à tout rompre, s'ils rétablissoient le parlement; et le parlement fut rétabli pour des claquemens de mains, et tout ce qui s'étoit dévoué au parti de la Cour fut livré à l'indignation publique.

On dût dès-lors faire, par anticipation, l'histoire de ce malheureux règne.

Louis XVI qui, de tous les rois de France, avoit reçu le trône le plus indépendant ; Louis XVI, pour qui tous ses prédécesseurs avoient combattus pour reconquérir la plénitude de la souveraineté sur un corps sans caractère qui la contrarioit depuis des siècles ; Louis XVI le plus grand monarque de l'Europe , se remit en tutelle sous un parlement aigri , sous une compagnie dont l'esprit vit toujours et ne pardonne jamais , et qui , en effet , a porté à la monarchie le coup mortel ; d'abord en refusant , dans la détresse des finances , l'enregistrement des seuls édits qui pouvoient les restaurer et reculer encore l'époque de sa ruine ; tandis que sous le dernier règne , il enregistroit sans pudeur les édits les plus multipliés et les plus désastreux pour fournir aux plaisirs de la Cour : n'est-ce pas parce que ces édits n'atteignoient que le commerçant et le consommateur , au lieu que ces derniers eussent touché à leurs propriétés toujours épargnées ! Enfin le parlement tua l'Etat en votant l'assemblée des états-généraux et se tua lui-même.

Cependant le trône ne fut jamais occupé par un roi plus économe , et jamais les dépenses de la Cour ne furent si excessives et si scandaleuses : on eût dit que c'étoit un parti pris de ruiner l'État , d'anéantir le crédit public , pour le précipiter dans le gouffre que l'on creusoit depuis long-tems sous ses bases.

Louis XVI se refusoit tout et signoit des deux mains tout ce qu'on lui demandoit, sa ruine et sa honte. Cet honnête homme ne put jamais se prêter au rôle de roi; ce bon père, ce tendre époux ne sut jamais mériter des amis sages qui se dévouassent, parce qu'il sacrifioit tout , amis et fortune , au sentiment borné d'un bon père de famille qui veut la paix du ménage et ne voit pas au-delà. Aussi, sous son règne , aucun grand homme ne pouvant compter sur son roi , il ne trouva dans sa détresse que des empyriques.

Ajoutez à tant de foiblesses , celle de souffrir qu'on lui aliénât à la Cour le cœur de sa haute noblesse par une morgue Allemande, une inconsidération , une hauteur qui n'annonçoit rien que de sinistre ; un mauvais choix de personnages nouveaux , enfans et esclaves du caprice qui les créoit, formoit une Cour, où les mots de « *sagesse, devoir,*

» *religion*, » ne se prononçoient pas sans un ridicule qui en donnoit l'exclusion. Quand on en est-là, la corruption est complette et la dissolution infaillible.

Sous un tel règne, nous fûmes visités par des souverains qui nous observoient et qui furent effrayés de la grandeur, de la force, de l'ensemble et des ressources de la nation; mais qui virent à la Cour les moyens de tout anéantir. Le grand-duc en fit son rapport à Catherine, les princes Anglais à Pitt, et Joseph II à Frédéric son maître en philosophie et en politique, et tous surent tirer parti de ce rapport.

L'Anglais notre émule depuis des siècles, en nous faisant signer, sous le règne précédent, une paix si honteuse, qu'elle étoit nécessairement insupportable, en augmentant de nos vastes propriétés du continent Américain, une puissance maritime déjà énorme aux yeux de la politique Européenne, en abusant impolitiquement de la victoire jusqu'à obliger une grande nation de démolir honteusement, de ses propres mains, un de ses ports, et cela sous les yeux et la surveillance d'un commissaire Anglais, résidant à nos frais sur ces ruines honteuses, pour en empêcher souverainement la restauration : cette opération absurde du cabinet Anglais, avoit laissé dans notre sein le trait qui l'avoit déchiré, avec le besoin de vengeance, comme si le sort des armes et des évènemens ne pouvoit plus changer pour l'Angleterre.

O politique immorale qui régit le monde ! que tes vues sont peu politiques !

Louis XV avare du sang humain, modéré et juste, avoit toujours refusé la guerre à la pétulence d'une nation fière, mais brave, qui vouloit aller laver son affront dans le sang des Anglais ; en vain avoit-on osé lui proposer le soulèvement de l'Amérique contre son souverain ! il eût la probité et le bon esprit de repousser cette proposition immorale avec indignation, et chassa même le ministre qui la lui fit, après avoir déjà fait filer des troupes en Normandie.

Ce que Louis XV refusa de faire par droiture, Louis XVI le fit par foiblesse ou plutôt par erreur ; il signa l'ordre d'une guerre injuste, et en signant cette immoralité, il signa son déshonneur, notre perte, le soulèvement de ses propres sujets, son arrêt de mort, et peut-être celui du reste de sa famille.

Des fautes de cette nature en politique se dissimulent jusqu'à ce qu'on soit en mesure, mais ne se pardonnent pas. Et c'est de ces moyens outrés, employés dans tous les siècles par les cabinets des princes, que sortent ces flots de vengeance qui se heurtent, se brisent jusqu'à la ruine d'un des partis. L'expérience n'a que trop prouvé cette fatale vérité ; celle que nous venons de faire la démontrera dans l'histoire d'une manière aussi épouvantable qu'inutile.

En attendant, tirons profit de nos erreurs, c'est le seul bien qui nous reste ; relevons-nous, si nous le pouvons ; mais abjurons pour jamais une politique sans morale ! et à la vue de nos fautes énormes, étouffons tout levain de vengeance, n'en donnons plus de sujets aux nations ! donnons-leur au contraire à compter sur nous ; attirons leur confiance par cette probité, cette modération, ces bons procédés dont s'honore un honnête homme ; et tous nos intérêts politiques, d'accord avec les leurs, seront remplis.

Persuadons-nous enfin que, lorsqu'il n'y aura plus qu'une morale pour l'État et le particulier, nous serons au premier degré de la saine politique, comme nous en avons approché un instant dans les beaux jours de Louis XV, sous le ministère du cardinal de Fleury.

Quand on réfléchit qu'au moment où on engageoit notre Cabinet à décider une guerre si déshonorante, Joseph II, Frédéric et Catherine prenoient ce Cabinet si peu sage pour arbitre de leurs intérêts, pour conciliateur de leurs différends, et médiateur de leurs traités de paix. Que penser d'une politique si astucieuse !

Tome I.   D

On sait d'ailleurs que la guerre entre Joseph II et Frédéric n'étoit pas sérieuse : l'un ne vouloit pas compromettre une gloire acquise, l'autre celle à acquérir à ses premières armes. Aussi le dénouement fut entre ces deux princes, une intrigue politico-philosophique contre nous, et peut-être contre l'Empire, Rome et Constantinople nos fidèles alliés ; du moins c'étoit le conseil que l'oracle des philosophes leur donnoit dans sa correspondance avec eux.

On sait que la guerre que Catherine avoit avec la Porte, étoit si décisive en faveur de cette héroïne, que le grand-seigneur n'avoit que des sacrifices à faire pour la terminer.

Jamais on n'eut moins besoin de médiation ; mais on avoit besoin d'astuce, pour couvrir de grands desseins, et nous avons eu la bonne franchise de nous y prêter.

La guerre d'Amérique fut enfin arrêtée ; la mer gémit sous nos flottes montées par une marine aussi brave qu'insubordonnée, et commandée par des chefs mécontens de la

Cour, le duc d'Orléans à la tête; aussi, après des pertes réelles et des succès aussi équivoques de notre part, que tranchans de la part de Wasinghton, nous fîmes signer aux Anglais, une paix ruineuse, mais dont un traité de commerce postérieur nous fit payer les frais sur-le-champ.

Nous nous applaudîmes beaucoup de ce funeste succès; hélas! nous ne prévoyions pas, que par des représailles quadruples à l'offense, Louis XVI adoré verroit aussi, et de plus près que Georges, ses sujets armés contre lui, renverser, avec sa tête, le trône où il étoit assis, après avoir vu dissoudre autour de lui tous les liens politiques, moraux et religieux qui nous unissoient en société depuis tant de siècles; qu'il verroit la France souillée de crimes, et les Français, les mains teintes de sang, demander à grands cris cette même république qu'il venoit de fomenter et d'établir si injustement en Amérique!

O providence! que tes desseins sont profonds et ta marche frappante en morale! O politique ! que les moyens que tu lui fournis sont terribles !

Hélas ! c'est dans cette expédition honteuse, que les la Fayette, avec d'autres étourdis des premières maisons de France mécontentes de la Cour, ont été puiser ce premier germe du virus révolutionnaire qu'ils ont rapporté dans le sein de leur patrie ; l'Anglais en fournissoit des phioles enflammées à tous nos paladins, et la pluie d'or qu'il répandoit sur ceux que ce poison ne pouvoit atteindre, achevoit de leur gagner des Français contre des Français. Je le repète à notre honte éternelle, nous avons fourni, dans la révolution, les bévues et les bourreaux ; nos ennemis, tout le reste.

Un monstre sorti du sang de la famille royale pour la dévorer, ambitieux sans élévation, factieux sans résolution, bien décidé, atroce sans courage, rébelle sans plan, criminel sans assez de hardiesse, chef de parti sans amis, riche sans autres moyens, se traînant dans tous les degrés d'avilissement sans honte, d'un libertinage dégoûtant ; ce monstre corrompu et corrupteur , dès sa plus tendre jeunesse , à peine formé , se fit chef de cette bande de jeunes seigneurs effrénés qui , sous le nom d'*aimables Roués*, parcouroient avec lui tous les lieux de la débauche la plus sale , et se vautroient dans les égoûts de la basse dissolution.

Il arrachoit jusqu'au masque de la pudeur à ceux de ses compagnons qui conservoient quelque honte , il enhardissoit au crime le vicieux timide , il ensévelissoit dans une corruption contagieuse les héritiers des premières familles , en commençant par son beau-frère, son unique co-héritier d'une immense succession : prévoyoit-il déjà l'usage qu'il en vouloit faire ! Mauvais père , mauvais mari , ses déportemens firent briller les vertus de sa respectable épouse , et si ses fils marchent sur une autre ligne que leur père, il faudra qu'ils remontent contre les principes qu'il leur a fait inculquer.

Quand on réfléchit que ce personnage re-

Tome I.   D 3 *

poussant avoit d'étroites liaisons à la Cour de Londres, où il a failli perdre l'héritier présomptif ; qu'il faisoit élever ses fils à l'anglaise , que tout étoit chez lui à l'anglaise , qu'il faisoit inspirer par-tout l'anglomanie dont nous avons été engoués dans les derniers tems. Quand , au premier mouvement révolutionnaire qu'il donna, on voit ce prodige de vices , tourner ses regards impurs sur le trône de son souverain, qu'il cherchoit depuis long-tems à avilir , qu'il avoit fait calomnier dans ses immenses domaines, dans les bureaux qu'on avoit eu l'imprudence de lui confier lors de l'assemblée des notables , dans ses nombreux bailliages , lors de la convocation des états-généraux ; c'est delà que sont sortis les propositions les plus hardies , les plus séditieuses , les cahiers les plus scandaleux.

Quand on repasse dans sa triste mémoire la conduite affreuse de ce scélérat dans les journées épouvantables des 5 et 6 octobre 1789 ; quand on réfléchit sur ses projets de fuite en Angleterre au moment où il fut démasqué ;

quand on le voit, quand on l'entend dans les trois législatures qu'il n'a pas quittées, faire et appuyer les motions les plus incendiaires, les plus désorganisatrices, les plus immorales, jusqu'à voter dans son cœur de boue et prononcer de sa bouche parricide la déchéance, la mort et le supplice de son roi, du chef de sa famille......... les cheveux se hérissent sur la tête, le cœur se serre, l'ame se flétrit, l'imagination s'effraie, la conscience se déchire, on recule d'horreur et on tombe en stupeur.....

O homme ! être si borné en perfections, es-tu donc infini en scélératesse ?

Mais on se repose au moins sur une idée de justice, quand on voit cette bête féroce à peine à face humaine, que l'on avoit poussé en avant, et leurré d'un trône, après avoir dépensé, pour cette œuvre infernale, la plus immense fortune que puisse jamais réunir sur sa tête un particulier, après s'être repu de crimes et de forfaits, rassasié d'opprobre, se trouver tout-à-coup abandonné de ceux qui l'avoient jeté dans ce cloaque, de ses compagnons même d'atrocités et de débauches, et la providence donner enfin l'échafaud pour trône à ce bas ambitieux ; on sent, d'un côté, ses mains s'élever vers un Dieu juste , et de l'autre , on se sent écraser sous la roue d'une politique qui a conduit de tels événemens, et sous le poids de la pensée que tant d'horreurs aient pu être mises froidement en système ?

Louis XVI , le malheureux Louis XVI qui vouloit épargner le sang même coupable de ses sujets, a fait couler sur la France des fleuves de sang innocent , auquel le sien est allé se mêler ; ce bon prince qui n'a jamais pu prendre sur son cœur de faire arrêter et punir le premier des brigands qui osa conspirer contre l'État et sa personne, a organisé et armé dans le royaume le brigandage le plus effrayant ; ce monarque foible qui n'a pu se déterminer à suivre un conseil vigoureux , fut bientôt isolé d'hommes capables, et livré , dans le fort de sa crise, au conseil des aventuriers qui ne doutent de rien.

Après que M. de Calonne fut renvoyé des finances qu'il avoit épuisées par ses complaisances, et qu'il auroit pu restaurer par son habileté ; un illuminé de la secte protestante, sorti d'un riche comptoir dont il sut tirer grand parti pour sa fortune, fut mis une seconde fois à la tête de ces finances délâbrées. Alors toute la France espérant en sa drogue, rafolloit de ses rêveries ; c'étoit dans les tems où l'empyrisme de Mesmer, de Cagliostro et autres étrangers à têtes chaudes, envoyés chez nous, dérangeoient nos cerveaux. Ce premier empyrique, dont tout le secret étoit d'emprunter, finit son rôle par perdre l'État, le roi et son crédit éphémère, sortit du royaume, chargé de l'indignation publique et du double mépris de ses propres dupes.

Quel étoit l'homme capable qui, d'un côté ayant sondé la plaie de l'État, et de l'autre le caractère du monarque, eût voulu accepter aux finances perdues de dettes et écrasées d'emprunts, une place sans moyens comme sans crédit ?

Un autre empyrique en philosophie, taré dans son état, brûlant d'ambition, prit non-seulement cette place d'aventurier, mais se mit, avec ses petits moyens, à la tête de l'administration entière d'un vaste royaume chancelant de tout côté. Ce nouvel illuminé osa s'asseoir sur le tillac d'un vaisseau délâbré, battu de l'orage et faisant eau de toutes parts, comme l'unique pilote capable de le sauver d'un tel péril, de l'amener au port à travers les écueils où les flots le poussoient, malgré les irrésolutions et la mobilité de caractère d'un maître sur lequel il n'y avoit rien à compter.

Le premier pas en législation, de ce ministre évêque, fut de rappeler en France une secte inquiète, ennemie de son église, qui avoit à se venger ; et de sacrifier à cette apparence de justice, l'avantage inappréciable de l'unité de culte et d'école, dans un royaume naguère déchiré par cette secte ; unité qui avoit coûté tant de sang innocent sous Louis XIV ; mais qui, à ce prix avoit pacifié la France. On sait ce que cette première opération philosophique de l'évêque a coûté à la religion, à ses ministres, et combien l'or de ces sectaires a fait de français criminels!

Son second pas en finances, il faut en convenir, alloit plus directement au but : méprisant le système couvert et ruineux de Necker, il demanda tout uniment des impôts directs et indirects, qui eussent sauvé l'État encore pour un tems, s'il avoit eu, avant de les proposer, l'adresse de s'assurer, comme il le devoit, de l'enregistrement au parlement.

Mais il eut au contraire l'ineptie de compter sur l'autorité versatile et mourante du monarque et de le compromettre avec ses parlemens, plus piqués et plus forts que jamais contre le trône et le ministère qui les avoient tant humiliés sous le dernier règne ; et par cette école de son ministre, Louis XVI eut à ajouter à la masse de ses douleurs celle de voir de puissans ingrats, qu'il avoit rappelés du néant, secouer son trône pour l'ébranler, et appeler la nation entière aux états-généraux pour les aider à le renverser, au risque de périr sous ses ruines.

Le ministre en chef, poursuivi par l'indignation publique, fut obligé de fuir devant la fureur populaire avec laquelle il avoit compromis les armes qui furent obligés de mollir. Il fit route pour l'Italie où, par la dernière recommandation de son bon et malheureux maître, on le décora de la pourpre romaine.

Là, son ambition rassasiée, son intérêt et l'amour de la vie auroient dû le fixer : mais l'ambition qui crie toujours *quò non ascendam*, ne se fixe pas.

Les faiseurs à la constituante avoient besoin d'un exemple imposant pour la prestation du serment destructeur de la religion qu'ils exigeoient d'un clergé qu'on vouloit avilir : on assure qu'on montra au cardinal le bourdon de patriarche d'une telle église. On engagea la reine à flatter son ambition d'autres espérances sur l'État. A la vue d'une suprématie quelconque, l'ex-ministre brava tout danger, et rentra en France contre toute prudence humaine.

Aussi, au lieu du ministère, du patriarchat et du chapeau même qui le décoroit, la Providence permit qu'il ne trouva dans son pays qu'il avoit perdu, que le bonnet ignominieux de jacobin dont on le vit s'affubler à la suite d'une cérémonie où l'on portoit Marat. Il n'y trouva que le dernier avilissement et la mort, précédée de la douleur de voir autour de son lit mortel toute sa famille dans les chaînes, destinée au supplice, sans autre crime que de lui appartenir : car, nous le disons avec effusion de cœur, il n'y a qu'une voix sur l'innocence, la bienfaisance et l'obligeance par caractère de cette riche maison ; caractère que partageoit le cardinal. Heureux, s'il ne se fût point livré depuis longtems à la secte philosophique, et par suite à une ambition effrénée qui le fit dévier du bonheur et de la considération où la nature et la modération l'eussent mené! Autre exemple d'une justice éternelle.

Nous ne parlerons pas de cette foule de petits ministres faits, défaits ou guillotinés, qui ont osé se porter où la foudre, frappant tous les mortels, leur annonçoit assez haut qu'il falloit un Dieu pour sauver l'État. Reprenons.

Un des ressorts les plus puissans qu'ait fait jouer la politique horrible qui opéroit notre révolution, c'est, comme nous l'avons dit, de réveiller la jalousie de toutes les classes inférieures contre celles qui les dominoient, et de piquer l'envie de monter à leur place; c'est ainsi qu'en tombant toutes les unes sur les autres, elles se sont punies réciproquement selon les desseins de cette sagesse invisible qui a fait l'homme de manière à trouver presque toujours la punition ou la récompense de ses actions dans ses actions mêmes.

D'abord, les fautes énormes que l'on a fait faire au monarque en matière de gouvernement ont mise son autorité à l'enchère, et il en fut dépouillé.

La jeune reine, qui vouloit toute cette autorité dont on savoit qu'elle abuseroit, n'a fait que des mécontens qui l'ont perdue.

Une partie de la haute noblesse, qui avoit à se venger des inconsidérations autrichiennes, s'est laissée leurrer de l'espoir de partager l'autorité royale dans une chambre haute qui écraseroit le crédit de la reine; mais cette noblesse n'eut pas plutôt entrepris d'affoiblir l'autorité de son chef, son unique appui, qu'elle est tombée avec lui sous la hache et les poignards.

L'autre partie de la haute noblesse, fidelle aux principes de la monarchie, mais ayant abandonné le monarque et le trône, seule colonne qu'il falloit embrasser, au lieu de céder à une terreur de commande pour les en éloigner, est maintenant errante parmi ces nations qui ont ourdi la trame de nos malheurs, et qui ont tant d'intérêt à les prolonger.

La noblesse du second ordre, qui a vu avec une certaine satisfaction la chûte de la précédente qui l'écrasoit de sa morgue, fut elle-même écrasée sous la masse du tiers.

Le haut clergé, qui a suivi la marche altière et les prétentions de la noblesse, fut entraîné dans sa chûte par la partie indigente et révolutionnée du clergé utile et populaire qu'il tenoit à une distance trop immense de lui et de sa fortune.

Une partie du clergé du second ordre, piquée contre cette portion de la noblesse de son corps qui cherchoit à l'anéantir, en ne voulant que deux ordres et deux chambres, s'est séparée de ses évêques pour se jeter dans les bras du tiers qui l'appeloit, et il en fut étouffé.

La robe rouge et la noire se sont également déchirées tour - à - tour et par les mêmes motifs.

Les financiers, les capitalistes, les rentiers, les suppôts de justice, les discoureurs, les docteurs de tous les ordres, qui, offusqués de toute distinction chagrinante des autres corps, avoient précipité dans le néant tout ce qui

étoit

étoit devant eux, offusquant à leur tour les classes suivantes, les uns par une opulence insultante, les autres par des talens insolens, furent livrés à la rapacité des fripons indigens, ou traînés à l'échaffaud pour ouvrir leur succession au profit de la faction régnante.

Enfin, la dernière, complettement dupe des flagorneries de cette faction épouvantable, s'est laissée enterrer elle-même avec sa souveraineté dans un abîme de crimes, de privations et de misère dont elle ne pourra sortir que par la main secourable de ce qui reste encore de ces mêmes classes qui la soutenoient et qu'elle a outragées à l'excès.

Quelle masse de fautes, quelles punitions proportionnelles et successives marquées en lettres de sang dans l'histoire de ce malheureux règne pour l'instruction des autres ?

Règne de l'Assemblée constituante.

Nous ne saurions trop, pour notre profit, nous répéter les erreurs qui nous ont conduits à cet abîme où la monarchie s'est engloutie, où les Français se sont perdus. Appellerons-nous ceci un nouvel ordre de choses!

Nous avons vu cette chûte préludée à la Cour et parmi la noblesse, par une hardiesse d'assertions prétendues philosophiques, une dissolution de mœurs, un mépris de tout ordre, une impiété érigée en bon ton qui font pitié à la raison.

Nous avons vu le clergé, au lieu de détourner ce torrent débordé des passions humaines qui rouloit de loin, au lieu de faire justice à la raison qui crioit de tout près aux abus, soit par une sage réforme de son école, de la scandaleuse distribution de ses immenses richesses, soit par la sévérité de ses mœurs et de ses principes, sorti des bornes de sa puissance purement spirituelle et de son ministère de persuasion, vouloir y opposer la foible digue d'une autorité usurpée sur l'empire des lettres, tyranniser la pensée et persécuter le talent quand il ne falloit que s'en emparer et les diriger au bien par des établissemens et des récompenses qui lui eussent fait pardonner son opulence. Bien loin d'en agir ainsi, on le vit grossir le torrent par son opiniâtreté et augmenter d'autant son débordement sur toute la France.

On sait qu'à la fin de chacune de ses sessions, le clergé obtenoit de la Cour pour prix de ses sacrifices en finances, des lettres de cachet pour se faire craindre, des édits, des arrêts, l'exil ou l'emprisonnement de quelques écrivains qu'on accréditoit par cette persécution, de quelques libraires qu'on ruinoit, le droit de refuser la sépulture à des hommes que leurs talens devenus dangereux immortalisoient, etc. . . . . .

Fausses mesures ! moyens petits ! il falloit opposer raison à raison, ouvrage à ouvrage, talens à talens, et les meilleurs écrivains bien payés eussent tué les mauvais.

Nous avons vu la haute magistrature avant d'appeler les États, avoir soulevé contr'elle les autres classes judiciaires, les gens de lettres, les croyans, la Cour même.

Nous avons vu toutes les classes opprimées, ou qui se croyoient telles, exaspérées contre toutes les autorités qu'on leur montroit comme persécutantes, demander leur chûte au lieu de leur réforme.

Hé bien, Français! ces états-généraux tant desirés, si imprudemment convoqués, si impolitiquement formés, furent composés, vous le savez, des plus exaltés de toutes les classes mécontentes, ménaçantes, impatientes du joug et excitées par cette politique ennemie qui avoit décidé la ruine de la France.

Dans les assemblées bailliagères, ceux qui exposoient avec le plus d'esprit leurs sujets de mécontentement contre les classes gouvernantes, étoient sûrs des suffrages de la foule des plaignans et des soudoyés de la faction.

Dans le premier ordre, on vit entrer un tas de curés à portions congrues mourant de faim et criant contre les évêques; dans le second, tout ce qui parloit le plus hardiment du souverain, de ses ministres et de la nécessité de restreindre ces autorités.

Dans le troisième, tout ce qui avoit du caquet, de la bile, du chagrin contre le gouvernement ou les deux premiers ordres. A la tête de ceux-ci, on voyoit les avocats, les légistes et la secte académique, hachant tout, brisant tout, raisonnant faux sur tout. Tous ces sophistes brillans obtinrent de haute lutte la préférence, et passèrent de beaucoup en nombre ce peu de sages dont le mérite rare, les qualités modestes, les vues profondes, les discours réfléchis forcèrent les suffrages des honnêtes gens.

On sait comme ces discoureurs opposèrent aux principes, aux maximes, aux conseils des gens de bien, les sophismes du raisonnement, la hardiesse des prétentions, la nouveauté des systêmes, les phrases d'une éloquence de mots, l'impudence du mensonge, enfin l'audace des entreprises. Que pouvoit-on attendre d'un tel choc? Ce qu'on vouloit; l'ébranlement jusqu'aux fondemens de l'édifice social en France.

Remarquons cependant, pour notre consolation, que le véritable esprit de la nation, consulté dans le calme, par-tout où l'intrigue ne dominoit pas, consignoit dans ses cahiers des vues sages et modérées sur la réforme des abus ou des excès inséparables d'une constitution de quatorze siècles qu'elle vouloit conserver. Tous les cahiers que la faction n'avoit pas dictés, et c'étoit la pluralité, demandoient le retour à l'esprit de cette première et antique constitution, qui s'étoit soutenue sur les bases solides de l'inviolabilité des propriétés et la sûreté des personnes; car les lettres de cachet étoient réprouvées par elle : tous vouloient cette constitution écrite dans le caractère national et ses besoins ; tous demandoient que la nation continuât d'être représentée par ses trois ordres, qui, avec les lumières et les qualités acquises par une éducation soignée, conduits par l'honneur et l'esprit de corps, mais avec des intérêts différens, tous appuyés sur la même base, tous garantis par le même gouvernement, ne pouvoient prendre, malgré leurs oppositions, que l'intérêt de la chose publique contre les entreprises de celui de ces ordres qui oseroit y toucher pour tenter de dominer les autres.

Tous demandoient une représentation nationale permanente ou triennale sagement combinée, composée de membres des trois ordres, pour tenir lieu de ces anciens parlemens, de ces assemblées au Champ-de-Mars dont nos premiers rois s'entouroient ; et cela afin d'éviter à l'avenir la fréquente convocation des états-généraux, toujours dangereux, toujours turbulens.

C'étoit-là le contre-poids, le régulateur que la force résistante vouloit opposer à la force active et puissante du souverain, pour lui présenter, comme autrefois, dans nos doléances, la matière des loix qu'il a toujours rédigées en France comme l'unique législateur incorruptible, le seul homme qui ait tout son intérêt dans celui de l'État ; c'eut été à cette cour nationale à examiner si la loi étoit con-

forme au vœu de la majorité de la nation exprimé dans ses cahiers, et à procéder en conséquence à son enregistrement ou à des re-
montrances ; et en dernière analyse , en cas
de grandes contestations entre la cour et les
remontrans, le point contesté auroit pu être
renvoyé au vote de la nation pour statuer
en définitif par de nouveaux cahiers, s'il y a
lieu ou non à tenir un lit de justice pour forcer l'enregistrement et finir toute contesta-
tion. Enfin , cette cour auroit eu tout caractère pour accorder ou refuser l'impôt ainsi
que le mode de perception , et tout cela dans
le même ordre et par les mêmes moyens que
les autres loix.

Ces mesures que l'infortuné monarque avoit
proposées lui-même en partie dans sa dernière séance royale aux états-généraux , eussent consolidé et épuré l'ancienne constitution de la France , l'eussent non-seulement
sauvée , mais rendue la plus sage , la plus
modérée comme la plus imposante de toutes

celles des gouvernemens de l'Europe éclairée ; c'est précisément ce que l'Europe politique ne vouloit pas.

Il faut le dire à l'honneur de la constituante ; c'étoit à cette époque le vœu comme c'étoit le devoir de la majorité de nos représentans ; et si la nation telle qu'elle étoit représentée alors, eût traité seule de ses grands intérèts, nous serions aujourd'hui au premier degré de perfection sociale et de puissance politique où puisse atteindre un gouvernement établi par des hommes capables.

Mais il entroit, au contraire, dans les vues d'une politique dévastatrice, que nous déscendissions au dernier degré d'abrutissement social et de foiblesse politique.

Les agens des Cabinets dont nous avions provoqué le ressentiment ou alarmé la politique, sont entrés avec nous sous l'*in-cognito* dans nos assemblées, dans nos démêlés, ont pénétré au sein de nos délibérations, ont circonvenu et travaillé nos représentans en tous sens, qui, tout éclairés qu'ils étoient, n'étoient cependant que des hommes ; en piquant le ressentiment des uns, flattant les passions des autres ; allumant l'ambition de ceux-ci, la cupidité de ceux-là ; versant l'or et la corruption à pleines mains sur tout ce qui en étoit susceptible dans cette masse d'êtres faillibles, et spécialement sur les intrigans habiles, audacieux ou verbeux dont regorgeoit cette assemblée.

Ici finissent nos états-généraux et la monarchie, pour faire place au règne monstrueux des Tytans qui entassèrent des crimes pour former une montagne d'où ils devoient escalader les cieux, déchaîner les enfers et ébranler la terre.

Règne des Jacobins.

C'est par les moyens infâmes dont j'ai parlé, que cette politique horrible est venu à bout d'organiser de la manière la plus forte, la plus incendiaire et la plus répandue, une corporation, une société, un monstre énorme, qui, sous le nom fatal à l'espèce humaine de *Jacobins*, étoient disséminés depuis la Cour, dans l'assemblée nationale, dans tous les corps, les villes, les villages, les maisons, les familles de ce vaste Empire, où, par tout moyen, et de préférence celui du crime, ils désorganisoient, exagéroient ou corrompoient tout ce qu'on pouvoit penser, proposer, écrire et établir de tolérable sur la forme d'un gouvernement quelconque, et toujours en poussant au-delà.

C'est ainsi que nous vîmes cet énorme Prothée, sous mille formes, neutraliser, anéantir, dans l'assemblée constituante, les bonnes intentions, les vues lumineuses de la plupart de ses membres, tantôt en enchérissant encore sur ce qu'elles présentoient de bien, afin d'en outrer les principes pour les rendre absolument impraticables ; tantôt en appelant de ces principes défigurés, à l'amour, au salut du peuple qu'ils tenoient toujours en insurrection, afin de faire échouer, sous ce nom imposant, qui n'est pas toujours synonime de lumières, tout ce qu'on avoit médité de mieux pour ses véritables intérêts ; tantôt en montrant, comme ridicules, les projets les plus sages ; tantôt en calomniant les intentions les plus pures, en empoisonnant les paroles les plus innocentes ; tantôt en menaçant, en opprimant la liberté, en dévastant les propriétés, en assassinant les amis du peuple les plus vrais, ses défenseurs les plus intègres.

C'est par ces moyens épouvantables, qu'ils écartèrent tout ce qui pouvoit ramener à l'esprit de cette antique constitution qui n'étoit écrite que dans l'usage, le caractère et les besoins de la nation française, et dont tous les cahiers demandoient une rédaction perfectionnée ; c'est par ces voies de fait, qu'ils firent décréter en 1791, à la place de celle - là, une constitution monstrueuse comme eux, posant à faux, d'un côté sur les bases volcaniques de l'intrigue ; de l'autre, sur les suffrages de la masse ignorante toujours dupe des fripons ; constitution livrée d'un côté à l'exécution d'un monarque avili, commissionnaire aux ordres et aux gages d'un corps avide de pouvoirs et les dévorant tous ; et de l'autre, entravée par le *veto* de ce pouvoir dérisoire, édifice fait pour crouler à leur volonté.

Aussi, dès que cette constitution fût jurée et établie, comme ils s'apperçurent qu'elle traînoit le cadavre de l'État toute imparfaite qu'elle étoit, ils s'occupèrent à entraver sa marche, à paralyser tout-à-fait son pouvoir exécutif, afin de renverser cette image même informe d'une monarchie expirante.

Dans la législature qu'ils avoient organisée en partie des membres de leur bord, de manière à s'assurer la prépondérance de la majorité sur quelques hommes à talens, sur quelques êtres vertueux, qu'ils n'avoient appelés parmi eux que pour se parer de leurs lumières, de leur honnêteté, et jurer par leur probité ; ils s'occupèrent à démolir tout-à-fait cette constitution tant prônée, tant jurée, et cela par les moyens simples des journées du 17 Juillet, 10 août, 2 et 3 septembre 1792 ; et c'est par ces préliminaires et sous ces heureux auspices, qu'ils pensèrent à former une convention à laquelle ils créèrent le droit inoui de juger souverainement le dernier de nos rois, tant de fois reconnu inviolable , et donner à la France une constitution républicaine purement démocratique, posée sur ce trépied ridicule , l'*égalité*, la *liberté* ou la *mort*.

Dans la convention que cette secte fît organiser au milieu des orages, des meurtres, des motions les plus extraordinaires, elle en composa d'abord la majorité de Jacobins , deux fois choisis parmi les plus hardis motionnaires des assemblées primaires et électorales, et la minorité de ces hommes, bons ou foibles, éclairés ou probes dont elle avoit besoin , pour n'être pas tout-à-fait sans mérite aux yeux du peuple.

Elle dressa en club le jugement du roi , et trouva dans ses ressources ordinaires , les moyens de le faire prononcer en assemblée nationale, et exécuter au milieu d'un peuple

immense et armé dont il avoit été l'idole ,
et de faire accepter de même une constitution républicaine , toujours sur des bases
mouvantes à son gré.

On sait qu'au supplice du roi, des Jacobins
Anglais trempèrent leurs mouchoirs dans son
sang , et achetèrent de l'exécuteur ses cheveux à un prix exorbitant , et partirent avec
empressement porter ces horribles dépouilles
à un peuple honteux d'avoir été depuis bien
des siècles le seul régicide.....

Dès que cette secte désorganisatrice s'ap-
perçut que, par l'étonnante docilité des Français , cette constitution éphémère pourroit
traîner quelques tems leur république dans
un certain ordre de loix , elle s'occupa de sa
désorganisation ; et pour cela elle fit un 31
mai contre les plus hommes de bien de la
convention.

C'est alors qu'un tyran farouche , un scélérat profond et froid, qui, dès la constituante , conduisoit sa trame sans dévier ,
s'est fait le chef visible de cette association

de tous les scélérats sortis de l'écume révolutionnaire de toutes les nations et spécialement de la nôtre ; tous dirigés et soudoyés
par une main invisible (1).

Ce monstre, ivre d'ambition, s'est laissé
porter par ce ressort politique dans la carrière dangereuse où l'on avoit poussé, avant
lui, le duc d'Orléans, sans que l'exemple de
sa chûte pût l'empêcher de penser à régner
sur les restes abrutis d'une nation dont on
avoit fait chasser ou assassiner une partie de
l'élite, et dont il se proposoit de faire égorger
le reste.

Persuadé que son règne ne prendroit sur
aucune ame droite pour peu qu'il laissât de
liberté, ce maître en tyrannie conçut et

______

(1) Il est bien étonnant que ce monstre soit le ne-
veu de Damiens ; se seroit-il cru le vengeur du supplice
horrible de ce scélérat ? Cette réflexion nous sera utile
à l'article des loix pénales, deuxième partie. Ou, auroit-
il servi la même cause que son oncle ? Quelles réflexions
douloureuses !

exécuta

exécuta le projet le plus hardi, le plus atroce qui jamais ait souillé tête humaine.

1. Il mit à part la lie du peuple, le spûme des scélérats, pour en former ses États et sa Cour ; et fit mettre le reste de la nation aux fers et conduire la France à l'échafaud avec autant de facilité que si la France n'étoit qu'un homme.

Une poignée de ces audacieux scélérats enchaînoient des milliers de Français de toutes les classes perfectionnées de cette grande société, qu'une bête féroce telle que Robespierre pouvoit bien dévorer, mais qu'il ne pouvoit avilir au point d'en faire ses sujets.

On sait que les Français, sans chef, sans ralliment, qui n'avoient que des bras impuissans à présenter aux fers que quelques brigands leur rivoient, portèrent sur les échafauds, avec le calme de l'innocence, la fierté de l'honneur, et moururent tous avec courage, plusieurs avec joie, en prononçant un nom cher aux Français d'alors.

O vous ! premiers nés d'une nation si généreuse et si aimante ! Où étiez-vous, quand on l'égorgeoit en détail pour votre cause ? Vous seuls aviez son cœur, son opinion, sa foi ; vous seuls, pouviez diriger ce courage, inutile à vos intérêts sur l'échafaud, contre cette horde chétive de quelques bandits, de quelques assassins audacieux par impunité, lâches par nature, et forts de votre fuite ; n'en doutez pas, la bonne cause eût triomphé.

Nous n'ignorons pas que c'est par vous qu'ont commencé les premiers essais de cette terreur ; mais n'étoit-ce pas aux fils d'Hercule à étouffer l'hydre sans s'effrayer de sa laideur ; mais le trône n'étoit-il point, ou votre héritage, ou la colonne qu'il falloit soutenir quand même le monarque l'eût abandonnée ? A qui étoit-ce donc d'entourer la monarchie ! Et en l'abandonnant, n'étoit-ce pas remplir à la lettre l'intention des factieux qui ne cherchoient à vous effrayer que pour vous engager à fuir. Ah ! que l'union des chefs à ce qui seroit resté fidèle dans les divers ordres, eût opposé une digue insurmontable à ce torrent à peine formé, une barrière épouvantable à cette poignée de bandits, dont la faction n'avoit à sa solde qu'un nombre très-exigû, qui prirent de l'audace en voyant fuir devant eux des millions d'hommes qui ne savoient à qui se fier, à qui se réunir.

Hélas, vains regrets ! Nos torts réciproques et nos malheurs commandent l'indulgence ; oublions tout ce qui n'est que personnel dans cette calamité publique, sauvons l'Etat ! Instruits par nos fautes, réformons-nous comme la saine partie de la France le demandoit légalement, lors de la convocation des états-généraux ! refaisons notre nation ! Et que les Cabinets étrangers rougissent seuls des crimes qu'ils ont commis sur notre sol en les soudoyant ; montrons-leur nos plaies, nos fers, le sang si pur de tant de héros victimes de la bonne cause ! notre fidélité inviolable aux principes de l'honneur et de la morale, à l'épreuve de tous les genres de séductions et de tourmens, et disons-leur : « Voilà la

» nation ! le reste que vous avez séduit, où » vous avez pris vos bourreaux, n'étoit que » sa lie »!

Mais, en attendant que l'opinion se refasse paisiblement, continuons à suivre les traces tortueuses du monstre qui nous dévoroit.

Considérant que la dernière Constitution de 1793, contenoit encore quelques principes d'ordre qu'on pourroit perfectionner. A cette idée d'ordre et de perfection, le jacobin entre en fureur et fait prononcer à la Convention l'anéantissement de tout ordre, de tout principe, de toute justice en prononçant l'établissement d'un gouvernement révolutionnaire : car l'adjectif *révolutionnaire* est la négation du substantif *gouvernement*, l'un signifie « convulsion, anarchie, impulsion de la force »; et l'autre signifie « ordre politique et judiciaire ; aussi celui-ci fut dévoré par l'autre.

Enfin, cette secte désorganisatrice par principe, alloit tenter de désorganiser la nature, et d'anéantir son auteur, lorsque la tête exécrable de son chef, gorgé de sang, repu de crimes, tomba sous le glaive de la vengeance divine et humaine ; on crut voir s'anéantir avec elle les cent queues lâches de cet hideux serpent, mais ses tronçons sanglants se rapprochèrent encore pour étouffer la dernière Constitution qu'une nouvelle législature devoit faire marcher, et pour cela ils firent un 13 vendémiaire, et tuèrent une seconde fois le Souverain convoqué en assemblées primaires.

Maîtres du champ de bataille, ils se perpétuèrent dans la dernière législature, et entourèrent encore de cette queue menaçante le timon de l'État. Mille fois ils ont tenté de rappeler le règne de la terreur, et mille fois la massue de l'opinion s'est levée, pour frapper le dernier coup sur ces restes impurs d'un chef plus impur encore.

Il ne leur reste d'autres moyens d'éviter ce coup, que de profiter de la lassitude universelle, pour se cacher et se faire oublier, si des êtres de cette espèce peuvent se passer d'intrigues et de sang ; mais je leur annonce que la France ne leur présentera plus les veines ; et une vérité qui les anéantit à jamais, c'est qu'il ne reste plus de ce monstre politique , que les dupes livrées à l'indignation ; la main invisible qui les dirigeoit s'est retirée avec ses faiseurs, et tous ses chefs sont tombés avec l'opinion qui les soutenoit et qui ne renaîtra jamais. Ainsi ce qui en reste n'a d'autre parti à prendre que de se retirer prudemment , comme ceux qui lui ont donné le jour.

Ce colosse épouvantable est donc tombé ; ses traces couvertes de sang , de ruines et d'opprobre , nous restent à effacer de notre sol ; et pour cela, il faut mettre au grand jour ses sinuosités politiques qui ne sont pas connues de tous.

Oui Français ! c'est par cette secte désastreuse que la politique fit déclarer en Europe une guerre qui n'est entrée dans l'esprit de certains Cabinets que comme un prétexte, pour partager, avec une apparence de justice, nos dépouilles et celles de nos anciens alliés ; et, sans nos succès étonnans et la retraite de nos alliés, la chose seroit déjà faite.

On sait ce que les États foibles de l'Europe, les princes de l'Empire, ceux d'Italie, l'Espagne, la Porte et Rome même avoient à compter sur notre poids dans la balance, et à craindre d'une certaine coalition « *Il* » *n'est pas encore tems* » répondoit-on à Voltaire qui vouloit que l'on s'emparât de Constantinople et de Rome.

Dans d'autres Cabinets, cette guerre n'y est entrée que comme simple guerre d'observation sur nos malheurs ; nous laissant dévorer nous-mêmes et nous anéantir, pour leur propre intérêt. Telle fut la conduite de la coalition, depuis la prétendue défaite de Fleurus. Comment expliquer la retraite des Autrichiens des places les plus imprenables sans coup férir ; comment expliquer la conduite des Anglais, à Saint-Malo, à Dunkerque, à Mastrëicht, à Quibéron, etc ! Celle de l'armée combinée, lors de la défection de Dumouriez?

Qui renvoya le roi de Prusse des plaines de Châlons, sur un pont d'or, tandis que l'autrichien feignoit de battre Lille et Thionville, bien résolu de ne les pas prendre? Qui faisoit tomber la tête de tous les généraux français qui combattoient franchement la coalition et son esprit? Si ce n'est cette monstrueuse jacobinière aux ordres de la coalition même.

Quel autre que ce monstre destructeur qui, pour réduire notre population au desir de ses ennemis, commandoit tant de victoires aussi désastreuses pour nous qu'inutiles, sacrifiant trente mille hommes, pour débusquer l'ennemi d'un poste inattaquable, et conquérir la pointe aride d'un rocher, ou la tête pelée d'une montagne! Oui, cette manœuvre impolitique et barbare a fait engloutir inutilement, dans une terre étrangère, une population brillante et brave de plus de cinq cents mille français.

Et cette Vendée épouvantable que l'Anglais alimentoit assez, pour écraser des générations entières que lui envoyoit le jacobin, et jamais assez pour faire ou conserver des conquêtes. Dira-t-on que ce n'est point à cette boucherie anglaise que le jacobinisme envoyoit toutes les troupes dont il étoit mécontent ; telle que l'armée entière de Mayence, les garnisons échappées de Condé, Valenciennes et généralement les corps qui ne prenoient pas leur esprit, et dont il n'en revenoit pas un seul homme. Monstre affreux ! L'Anglais, en finissant cette guerre horrible à jamais, vous a sacrifié ses dupes ; le brave Charette est tombé sous votre hache ; il ignoroit, comme la plupart des jacobins, qu'il servoit l'ennemi ; il croyoit combattre pour son prince, comme ces demi-jacobins croyoient agir pour eux ; voilà le sort que la coalition leur prépare.

C'est encore le jacobinisme, ce Protée à gage, qui travailloit à dégoûter les nations étrangères des principes de la révolution qu'elles faisoient en France, en exagérant tout, en faisant commettre chez les vaincus les excès les plus révoltans en tout genre ; en lui envoyant des missionnaires effrénés qui leur prêchoient une doctrine dégoûtante et des maximes repoussantes ; car, les jacobins qui crioient tant contre les rois, ont servi les rois, qu'une révolution moins outrée eût perdus ; c'est cette horde impure qui écrasoit, de ses mains souillées, tout ce que les peuples revèrent avec le plus d'intérêt, trône, autel, morale, propriétés et sécurité ; c'est-elle qui avilissoit une assemblée qu'elle exagéroit au point de se dire « La première du monde », tout en se permettant des discours, des motions, des décrets plus bas, plus barbares que la dernière des hordes sauvages ; jusqu'à prononcer l'institution exécrable, mais dans le fait impossible, d'une bande d'assassins, pour les Souverains de l'Europe, qu'on se permettoit de couvrir de brocards et de menaces impuissantes ; tout cela pour donner le change sur leurs connivences étrangères, et autoriser tous les procédés de l'ennemi.

Très-certainement, une secte qui détruit tout, qui jamais n'a marqué aucun dessein sérieux d'établissement solide, qui au contraire désorganisoit tout ce qui pouvoit présenter le moindre ordre possible ; une telle secte n'a point de but pour elle, elle agit donc pour d'autres intérêts que les siens ?

Qu'on ne m'objecte pas ici les intérêts de quelques chefs qu'elle a paru adopter, et l'intérêt que ces chefs lui promettoient ! On sait, à n'en plus douter, que le duc d'Orléans et Robespierre n'étoient que des mannequins qui n'en furent pas toujours l'ame ; qu'ils ne furent que deux dupes de cette politique étrangère qui ne cherchoit en eux que des points de ralliement, de correspondance, et un masque ; et leurs têtes devoient tomber aussi-tôt que cette main ne les soutiendroit plus.

Cette politique astucieuse n'ignoroit pas

que les excès ne tuent que ceux qui les commettent, et instruisent ceux qui en sont témoins ; qu'en nous poussant toujours à l'abus, elle retenoit les peuples plus étroitement enchaînés à l'ordre ancien, et qu'en découvrant à tout l'univers l'abîme de malheurs, d'absurdités et de suprême déshonneur où étoit allé se précipiter un peuple qui vouloit se régénérer en détruisant les abus de son gouvernement, elle retiendroit ses sujets, quel que soit leur mécontentement, pour long-tems encore courbés sous cette masse de puissance qui tend toujours à s'approprier la multitude.

En effet, je vois cette politique désastreuse porter encore plus loin ses attentats sur l'espèce humaine. Quoi ! elle nous a fait traîner par une secte dégoûtante dans des abus et des excès de toute espèce ! et aujourd'hui elle fait publier par-tout que ces abus monstrueux sont, chez nous, le produit de la raison et de la philosophie, afin de soulever le genre humain contre l'usage de ces deux facultés, et éteindre les seules lumières qui nous éclairent sur les embuches de nos ennemis, sur la route de perfection individuelle et sociale où la nature et le bonheur nous appellent : ceci cache encore des desseins perfides. Hélas ! on sait pourtant bien que ce fut l'œuvre de la fausse philosophie organisée et soudoyée par la fausse politique.

Français ! si nous n'y prenons garde, la raison saine, la vraie philosophie, qui est la perfection de l'homme raisonnable, sont sur le point de perdre leur procès avec la politique, qui veut substituer à ces lumières importunes la doctrine désolante du prince de Machiavel, de l'école des Borgias, qui a failli abrutir et asservir l'Europe, après l'avoir désolée de disputes scandaleuses, de meurtres réfléchis, de guerres sanglantes, qui n'ont été arrêtés que par les progrès de la raison et de la philosophie. Pensez à ce que nous étions, à ce qu'étoient nos chefs dans les siècles d'ignorance : détruisez l'empire des lettres et de la raison : celui des riches et des puissans n'a plus de bornes. Voilà d'effrayantes vérités.

Opposons-nous donc de tout notre pouvoir à ce dernier coup que l'on veut porter à l'homme social, ou nous en allons perdre la qualité pour nous laisser mettre en troupeau.

Hélas! quels remèdes nous reste-t-il à tant de maux, s'écrie-t-on de toutes parts? où les trouver?

Ce n'est certainement pas à la source infecte qui les a produits qu'il faut aller les chercher; ce n'est point dans les moyens asservissans que nous offre la politique qui nous a conduits dans cet abîme, que nous les trouverons; ce n'est pas non plus dans les maximes décousues d'une morale outrée ou relâchée, qui n'a que des principes versatiles à la disposition de l'intrigant habile; ce n'est pas dans les rêves creux et les systêmes variables d'une philosophie délirante, qui ridiculise et anéantit tout ce qui console et soutient les hommes, pour les jeter dans un vuide désespérant; ce n'est pas dans les controverses dogmatiques de tant d'écoles diverses qui s'anathématisent réciproquement; ce n'est pas en nous courbant sous la verge magique de l'hypocrite qui veut faire mépriser les droits de la raison qui éclaire ses déportemens, afin de nous dominer par des terreurs; ce n'est pas en baisant la main du docteur qui nous défend de penser, du caffard qui étouffe le génie, à mesure qu'il jette quelques étincelles de lumières.

Déjà la politique a enrôlé toute cette troupe masquée pour remplacer ses jacobins, et achever de lui asservir la terre; déjà on s'apperçoit que ces plumes vénales lui sont vendues: elles osent nous écrire que « chez un peuple » qui a abusé de sa raison, il faut une religion » poussée jusqu'à la superstition, et un gou- » vernement militaire......

. Une religion superstitieuse! un gouvernement militaire! O Français! ce mot rappelle les bastilles et l'inquisition pour vous tenir lieu de raison. Nous sommes esclaves et dignes de l'être, si nous sacrifions à l'ennemi la seule faculté distinctive de l'homme.

On a abusé chez nous de la raison; n'en

abusons plus; et pour cela, étayons-la des principes incontestables de la morale, d'une saine philosophie et de la religion de notre pays.

Le tems presse ; réformons-nous nous-mêmes : n'attendons pas que des barbares qui ont jeté au milieu de nous un brandon de l'enfer, et qui nous laissent froidement détruire, viennent chez nous nous imposer sur le col le joug des bêtes-de-somme : faisons enfin unité d'intérêt, et notre nation sera sauvée.

Prenons d'une main le fatal flambeau de l'expérience, et de l'autre, celui de la sagesse; remontons, sous cette lumière, aux principes fixes de la morale, de la politique, de la philosophie et de la religion ; principes qui, sortis de notre propre constitution naturelle, sont incontestables d'un pôle à l'autre, avoués sur les deux hemisphères, tellement intimés à l'homme, tellement démontrés à sa raison, unis à son véritable intérêt, sentis dans sa conscience, liés à son bonheur, tellement chers à son cœur, que

nul

nul intrigant, nul sophiste, ne pourront plus ni les altérer, ni les tronquer, ni les arracher des conceptions de l'homme sensé.

Tel est le but de cet ouvrage. Puisse-t-il être rempli, pour l'honneur et le bonheur du genre humain entier, au gré du lecteur et de celui qui l'a conçu (1) !

---

(1) Quand la France à toute extrémité voudra enfin se guérir, si on lui laisse encore le choix de ses médecins, voici, en dernière analyse, les seuls qui voudront sincèrement sa guérison.

Ceux qui, en 1789, vouloient la sauver en contribuant à la rédaction des cahiers contenant le vœu de la majorité de tous les ordres pour la *réforme des abus*, et qui, depuis cette époque, *n'ont jamais dévié de ces principes*; ceux-là seuls s'intéresseront à son salut : tous autres pourroient bien n'être que des empyriques intéressés à sa maladie, et peut-être à sa mort.

Ainsi qu'on se méfie, et de ces royalistes qui ont joué l'outré, ou pour partager le despotisme de leur maître, ou pour éviter toute réforme nuisible à leurs desseins de reconquérir, sur la foiblesse du prince, une féodalité usurpée sur les rois fainéans, et qui écraseroit le reste de la nation sous le joug ignominieux de la servitude, dans ces siècles d'ignorance qu'on voudroit ramener.

G

Et de ces monarchiens à deux chambres, qui nous me‑
noient au même but par la constitution anglaise, qu'ils
savoient très-bien ne point convenir à notre caractère peu
politique et trop léger pour méditer des loix.

Et de ces républicains excessifs, jurant haine ou amour
à un état de choses auquel eux seuls ont un intérêt direct,
soit pour couvrir d'anciens crimes, de vieilles infamies,
légitimer des friponneries, conserver de mauvaises ac‑
quisitions, soit pour raccommoder leurs affaires par les
mêmes voies, ou pour jouer un rôle funeste à leur patrie
en dépit des qualités qui leur manquent : ceux-là nous
tiendroient sur une terre volcanisée, dont les explosions
et les repos seroient redoutables ou à la génération pré‑
sente ou à la génération future. D'après ce que nous ve‑
nous de voir dans les assemblées primaires, influencées
par les jacobins, on ne pourroit appeler ce nouvel être
politique, *que l'établissement d'une révolution pé‑
riodique.*

Donc, ceux qui sauvoient tout en 1789, et qui ne se
sont pas laissés entamer depuis, sont les seuls guides qui
peuvent nous conduire au port à travers tant d'écueils ;
et quand ces sages auront confirmé la sagesse de la der‑
nière Constitution qu'on vient de nous donner, je la con‑
firmerai aveuglément avec eux ; en attendant, je l'ob‑
serverai.

LES PRINCIPES

FONDAMENTAUX

DE TOUTE SOCIÉTÉ,

Adressés aux bons esprits qui ont l'amour et le tact de la vérité.

L'oubli de ces principes a tout perdu en France ;
le retour à ces principes peut seul tout réparer.

OBSERVATIONS PRÉLIMINAIRES

Sur les bases de la société en général.

LA seule base solide et éternelle sur laquelle
l'Auteur de la nature a fondé la société humaine est la *morale*, cette règle des actes
humains qu'il a gravée dans la constitution
même de l'homme.

La politique, la philosophie et la religion
ne sont que des branches de la morale, ses
parties intégrantes et les derniers termes de

sa perfection : toutes sont nécessaires au repos et à l'ornement de la société.

1°. La morale , pour régler les mœurs et les passions humaines sur les desseins de l'Auteur de la nature et les vrais intérêts de l'homme , combinés avec ceux de la société où il vit. *Conservation* et *perfection*. Voilà tous les desseins de l'Auteur de la nature à l'égard de l'homme ; voilà tous les droits de celui-ci , son intérêt et ceux de la société.

2°. La politique (qui ne peut figurer dans les choses humaines que comme *la morale des gouvernemens*), pour conduire les hommes *à la perfection sociale* où la nature les appelle ; pour assurer leur *conservation* en assurant leurs droits individuels sous la garantie de tous, en investissant leur foiblesse personnelle de la force publique, en réglant l'usage de leur liberté sociale par des loix justes, protectrices et néanmoins répressives ; en traitant de leurs plus grands intérêts avec les nations par des conventions franches, des procédés humains, des arrêtés inviolables et moraux, fondés sur le droit et l'intérêt de l'humanité entière.

3°. La philosophie, pour fixer et perfectionner la raison, le cœur et l'entendement

humain, en le faisant remonter à des principes lumineux, invariables, incontestables,
et capables de conduire des êtres raisonnables
et perfectibles à une sagesse de raisonnement
et de conduite également en garde contre les
préjugés et les sophismes, également éloignée
d'une crédulité pusillanime et d'une pré-
vention hasardée, également ennemie d'une
sévérité outrée et d'une liberté cinique; mais
sur-tout incapable de se masquer d'hypocrisie.

4°. La religion, pour doubler les produits
du calcul de notre intérêt moral et politique,
en ajoutant au sentiment délicieux que laisse
la vertu, que laisse l'accomplissement d'un
devoir, dans le cœur de celui qui l'a pratiqué,
l'assurance qu'il s'en est acquitté sous le coup-
d'œil du législateur qui le commande, du rémunérateur qui le couronnera d'un bonheur
aussi immortel que le mérite de son action,
du vengeur qui doublera la peine que le
crime dépose dans la conscience du méchant;

Pour renforcer dans la conscience de
l'homme la sanction intime de toutes les
loix de la nature et de la société;

Pour donner à ses doutes sur des vérités
que la nature ne lui révèle qu'à d m', des
spéculations sages, utiles et sublimes;

Pour ne tirer ses principes philosophiques que de la sagesse de celui qui les inspire;

Pour agrandir son ame de l'idée de l'intelligence, principe dont elle est émanée;

Pour l'enrichir de quelques-unes de ses perfections, appuyer sa foiblesse, sa faillibilité sur la bonté et la force divine;

Enfin, pour remplir son cœur aimant, desireux et sensible, d'amour, d'espoir et de consolations ineffables devant un être infini en perfection.

Or, les seuls principes qui puissent diriger *les actes humains* au vrai but de la morale, de la politique, de la philosophie et de la religion, sont ceux qui constituent:

1°. Une morale agissante, invariable, indépendante de tout système subversible, conforme à la constitution humaine et aux desseins palpables de l'Auteur de la nature sur des êtres de notre espèce;

Une morale aussi ancienne, aussi durable, aussi sage, aussi universelle, aussi sublime, aussi sensiblement vraie que la nature même dont elle émane.

2°. Une politique ou une morale de gouvernement, inséparable de la morale de la nature, appuyée sur les mêmes bases, je veux dire *la constitution humaine*;

Une politique avouée de la raison universelle, fondée sur les vrais intérêts réciproques des nations, et sentie utile par tous les
peuples qui font usage de leur raison ;

Une politique par-tout identique quant à
ses principes, toujours d'accord avec la nature humaine, et ne différant quant au mode
de leur application qu'en raison de la différence des climats, des caractères et des circonstances impérieuses, telles que ces catas-
trophes révolutionnaires qui paroissent quelquefois comme des météores, des secousses
de la faillibilité humaine, pour régénérer les
gouvernemens corrompus.

3°. Une philosophie considérée comme la
perfection du raisonnement, de l'entendement, du sentiment et de la conduite des
hommes ;

Une philosophie conséquemment d'accord
avec les principes de la raison universelle,
avec la morale de la nature, avec la sagesse
des loix du gouvernement et de la religion de
son pays ;

Une philosophie sans sectes, sans systêmes,
propre et praticable à tous les hommes qui
raisonnent.

4°. Enfin, une religion dont les principes

fondamentaux, d'accord avec la constitution humaine, loin de contrarier ceux de la morale, de la politique, de la philosophie que la nature inspire aux hommes, en soit au contraire le complément, la dernière raison, la sanction intime, et le calcul du plus haut intérêt de les observer religieusement ;

Une religion qui prend l'homme où la nature semble l'abandonner, pour l'éclairer, autant que possible, sur les incertitudes qu'elle lui laisse, pour le consoler dans les afflictions auxquelles elle l'expose, pour doubler le produit du calcul de l'intérêt qu'elle lui a fait d'accomplir sur lui ses desseins, de respecter les loix de la société qui le protège ; enfin, pour le conduire au dernier terme de la perfection dont il est capable par des maximes et des spéculations sublimes, toujours dignes de sa raison et de la sagesse divine qui l'éclaire.

Cet ouvrage se trouve naturellement divisé en quatre parties ; la première traitera donc des principes de la morale universelle, la seconde de la morale politique, la troisième de la philosophie, et la quatrième de la religion.

PREMIÈRE PARTIE.

Des principes de la Morale universelle.

CHAPITRE PREMIER.

Réponses à quelques questions sur la morale des nations, et éclaircissemens de quelques doutes sur la morale de la nature.

PREMIÈRE QUESTION.

PAR quelle fatalité la morale, ce premier intérêt de l'homme et de la société, paroît-elle depuis tant de siècles si variable, si incertaine dans ses principes parmi les nations?

Pourquoi la trouve-t-on dans la plupart de ces livres sacrés que nous ont transmis les moralistes, les législateurs, les fondateurs de religion, écrite en maximes isolées de ses principes fondamentaux, comme des paillettes d'or détachées du fond riche de la mine primitive?

RÉPONSE.

Ah ! c'est que par-tout et dans tous les tems un gouvernement aveuglé du sentiment de sa force s'est rué sur la morale qui la modère, en a déchiré le livre primitif, et de ses feuilles dépecées, de ses principes altérés, en a formé un monstre qui a tout corrompu dans le monde, et qui vient de tout dévorer chez nous.

A ces traits, reconnoissez *la politique de Cabinet*, que l'on nomme dans les Cours de l'Europe savante *l'art de régner*.

C'est ce monstre, presqu'aussi vieux que le monde, qui a défiguré la morale et la religion primitive des peuples qui rampent sur cette terre de servitude, pour y substituer des opinions et des maximes qui les tiennent courbés sous son sceptre de fer, afin de les dominer jusques dans la conscience.

Par-tout on n'a osé penser et écrire que dans les principes oppressifs de son pays ; par - tout les dominateurs des nations ont mieux aimé se faire traîner par des esclaves, quoique toujours prêts à briser leurs fers sur la tête de leurs oppresseurs, que de conduire des hommes à la perfection dont ils sont susceptibles sous les auspices de cette vérité aussi aimable qu'immuable : « *l'intérêt le plus cher* » *des peuples est lié à l'intérêt le plus vrai* » *du gouvernement*, et *vice versâ* » ; que de leur inspirer, non-seulement l'amour d'une patrie qui fait cas des hommes, mais la foi et le respect envers un gouvernement fidèle aux principes de l'honneur, de la probité, fidèle enfin à cette morale qui seule fonde ses droits et exige la soumission des peuples.

Aussi qu'est-il arrivé de ce renversement des desseins de la nature et des principes de la raison ? Que la morale a suivi les révolutions des empires, le sort des systêmes politiques ou religieux qu'on y avoit établi, et qu'elle est tombée avec eux dans toutes les inconséquences reconnues de ces bévues systématiques.

Qu'est-il arrivé encore ? Que l'usurpateur habile, le factieux puissant n'ayant trouvé, dans l'empire qu'ils convoîtoient, qu'une morale sans principes, une religion incertaine, les ont tournées au profit de leurs projets ambitieux, et ont couvert cette malheureuse terre de sang, de ruines et de crimes ; ce qui n'arriveroit presque jamais, si les principes

vrais, unanimes, incontestables et éternels
sur lesquels l'Auteur de la nature a posé la
morale et la religion, étoient bien connus de
tous, par-tout enseignés aux hommes, et sur-
tout démontrés par l'exemple du gouvernement ; mais tant que celui-ci aura une morale
différente des autres, il en résultera une nul-
lité absolue pour tous.

SECONDE QUESTION.

POURQUOI l'Auteur de la nature lui-même,
si énergique, si invariable dans le gouvernement du monde physique, semble-t-il avoir
abandonné la conduite du monde moral aux
passions des hommes et aux caprices de ceux
qui les gouvernent ?

RÉPONSE.

NE nous exposons plus avec les faux raisonneurs à renverser l'ordre de la nature, à
blasphémer son auteur, sans examiner ses
desseins !

Ne sacrifions pas à de simples apparences
une difficulté que l'on peut approfondir ; ne
nous prévenons pas non plus contre les vé-

rités métaphysiques, ou cessons de raisonner; car elles ne tiennent pas le dernier rang dans les certitudes humaines, sur-tout quand on ne les prend pas au-delà de nos connoissances, et qu'elles sont étayées d'une saine logique.

La raison peut-elle rester dans une incertitude coupable, quand son plus cher intérêt « celui de ne pas être trompée » l'a sollicité d'en sortir ! Examinons donc une question dont l'une des contradictions feroit notre suprême malheur, et d'autre notre suprême avilissement !

Le modérateur des sphères a dû se charger immédiatement de la direction des corps aveugles et impassibles qui entroient dans la construction organique du monde physique ou corporel; lui seul pouvoit les mener par des loix sûres qui les fissent atteindre avec justesse aux desseins que lui seul avoit conçus.

Mais la conduite des êtres raisonnables, libres, sensibles et sociables, qui seuls constituent le monde moral, n'a pu être confiée immédiatement qu'à leur raison, à leur liberté, à leurs sensations physiques et morales, et aux loix de la société que ce premier législateur dicte toujours à la raison qui le consulte.

Ou bien il faut nier l'existence de toutes ces facultés lumineuses, réfléchies, judicieuses et déterminantes dont nous sentons que la nature nous a pourvus; il faut renoncer à en faire usage, et nous déterminer à entrer sans aucun sentiment du vice ou de la vertu, sans reproches comme sans satisfaction, dans la classe inerte des corps mornes que le créateur entraîne à une fin que lui seul connoît.

Il faut enfin, par une conséquence plus absurde encore, mettre sur le compte de la sagesse divine, toutes nos sottises, nos inconséquences, nos atrocités, les bévues de nos plans de corruption, de dégradation, de destruction, qui sont sensiblement les produits de nos erreurs, les fruits amers de l'abus du raisonnement et de la liberté, les suites presque toujours volontaires de la sociabilité et de la faillibilité humaine; sources plus fécondes encore de bonheur, de vertus et de gloire; quand la raison dirige ces facultés, comme elle le doit et le peut, aux desseins de *conservation* et de *perfection*, où doit tendre une créature raisonnable et perfectible qui s'aime et a intérêt de chercher son bonheur.

Quoi ! ce grand architecte de l'univers , si parfait dans la combinaison , la construction , et la marche du monde physique , dans l'organisation de l'homme matériel , seroit en défaut et si fort au-dessous de lui-même dans la constitution négative de l'homme moral ! Ceci doit paroître impossible et contradictoire aux yeux de la raison la plus commune.

Les intentions de l'auteur de la nature sur l'ordre et l'harmonie sont assez manifestées dans tout l'univers, dans tout l'homme même , pour qu'il puisse sans aveuglement, sans mauvaise volonté , et conséquemment sans rébellion et sans crime, méconnoître cette loi générale , la négliger , ou la mépriser contre lui-même.

En effet , les moyens de douter , qu'ayant établi tant d'ordre , une si belle harmonie dans le monde corporel , qui n'est visiblement que l'habitation de l'être moral , il n'eut eu dessein qu'il en règne encore plus dans ses mœurs , où cet ordre est infiniment plus essentiel , et sans lequel il ne sauroit atteindre à sa fin qui est le bonheur, sa perfection et sa conservation : car tel est le produit du calcul de son plus précieux intérêt.

Mais, me dira-t-on, malgré la force de ce raisonnement purement spéculatif, c'est un fait pratique, que l'homme a par-tout méconnu ou méprisé ces intentions divines, puisqu'il s'en est presque toujours éloigné ! Sa constitution morale est donc imparfaite ou manquée.

Arrêtez, sophistes ! qui sans examen avez toujours conclu de faits particuliers ou volontaires, qui sont souvent les suites d'inconvéniens attachés aux plus belles loix de la nature , la négation absolue d'un principe incontestable : c'est avec cette logique boiteuse , que vous vous êtes précipités sur le monde moral, que vous avez ébranlé l'édifice social , et détruit le bonheur de votre patrie.

Oui, c'est un fait que dans tous les tems vous avez abusé de vos propres lumières pour mettre vos desseins à la place de ceux de la nature, et faire dévier les hommes de cette morale primitive, malgré vous, toujours vraie , toujours aimable , toujours harmonique,

harmonique, que vous osez arguer d'im-perfection !

C'est un fait, que vous avez servi le despotisme des maîtres de la terre, ou que vous avez été leurs redevables ou leurs dupes, puisque vous avez perverti la morale qui régloit leur pouvoir ; puisque vous l'avez détaché de ses principes vrais et incorruptibles, pour leur en substituer de factices et de subversibles au gré de ce pouvoir, dans tous les âges et chez tous les peuples.

Oui, vous avez arrachés des mains paternelles de la divinité les rênes du monde moral, pour les confier aux mains oppresives de la force politique ! C'est donc votre propre ouvrage qui est en défaut, et non celui de l'Auteur de la nature.

Sans doute, l'homme libre, et vivement passionné, ne fait pas toujours un choix heureux, n'est pas toujours d'accord avec la froide raison et les hautes intentions de son auteur : mais cette faillibilité attachée à sa constitution organique, en lui faisant goûter les fruits amers de ses méprises, l'eût ramené par les mains de l'expérience, par le tact du bonheur, à un meilleur calcul et aux principes connus de sa raison, si vous ne l'aviez précipité dans l'erreur.

D'ailleurs on sait que ces inconvéniens, quand on ne les a point provoqués, sont sans crimes, qu'ils restent sur le compte de la nature, et laissent à l'homme toute son estime, tout son intérêt, et toute son énergie pour la vertu ; on sait que ces inconvéniens sont inséparables des loix éternelles de la nature ; enfin, c'est parce qu'il peut abuser que l'homme est libre.

Mais vous, ô réformateurs hardis de la sagesse divine ! politiques sans principes de tous les Cabinets des princes, hypocrites ambitieux de toutes les religions ! avant d'ôter à l'homme cette existence morale qu'il tenoit de sa nature, sous prétexte que son auteur l'avoit manquée, avant de lui en constituer une de votre façon, qui convienne mieux, dites-vous, à sa constitution naturelle, avez-vous pris la peine de l'examiner dans vous-mêmes, cette constitution ? Avez-vous sondé l'homme et ses forces, pour lui imposer des devoirs qui ne soient point contradictoires avec sa propre nature ?

C'étoit-là le premier pas à faire, pour poser des loix justes et harmoniques, et c'est précisément celui que vous avez négligé. Vous avez travaillé pour l'homme systématique, et vous avez méconnu l'homme de la nature.

C'est dans l'intérieur de ce dernier que nous allons descendre sous l'œil de votre critique ; c'est de sa propre nature, de sa constitution primordiale, que nous allons tirer nos principes, constituer les régles de sa morale première, suivez-nous !

CHAPITRE II.

De la constitution morale de l'homme.

CE n'est point aux politiques qui ont traité de l'homme esclave ou propriété du petit nombre ; ce n'est point aux prétendus philosophes qui l'ont délié de toutes les chaînes sociales, de tous ses devoirs, pour le livrer à une liberté dissolue ; ce n'est point aux docteurs hypocrites, aux controversistes qui lui ont interdit la raison, pour le dominer au nom du Très-Haut ; ce n'est, enfin, à aucun auteur systématique que je m'adresserai pour connoître l'homme avec toutes ses qualités et ses imperfections primordiales , ses droits et ses devoirs dans la société où il a été placé : c'est à la nature , au nom de son auteur.

A ce nom , je vois les bras de cette tendre mère s'ouvrir ; l'homme, son fils aîné, s'élancer vers moi de son sein , me montrant toutes les facultés et les défectuosités morales qu'il apporta en naissant ; je vois enfin, qu'il est » *une créature raisonnable , paitrie de* » *l'amour de soi , libre, sensible , sociable,* » *perfectible , faillible ou passionnée , mor-* » *telle , religieuse , et mise au premier rang* » *de l'être sur tous les animaux qui habitent* » *ce globe avec lui* ».

Reprenons chacune de ses facultés et défectuosités ; faisons-en un tableau explicatif sous les yeux du lecteur , afin qu'il se reconnoisse à mesure qu'il verra l'homme sortir , ainsi fait , des mains de son auteur : prenons-le sur le fait dans la constitution de l'homme.

Tableau explicatif de toutes les facultés et défectuosités qui entrent dans la constitution naturelle de l'homme, mis sous le coup-d'œil du lecteur, comme plan général de la morale que cette créature a reçue de la nature.

1°. *L'homme est une créature......* C'est-à-dire, un Être sorti du sein de la nature, si savamment organisé, si judicieusement éclairé, inspiré, mis en rapport si sensible et si parfait avec tout l'univers ; qu'il ne peut être qu'un ouvrage conçu et dessiné par l'intelligence qui a présidé au plan général de tant d'ordre combiné, auquel sa conduite est subordonnée : origine digne d'un être moral tel que l'homme. *Première notion importante à la morale.*

2°. *Raisonnable.* Qui a reçu de l'intelligence-principe la faculté éminente de penser, de réfléchir, de comparer, de juger et de se déterminer ; conséquemment placée sur ce globe immédiatement après son auteur, au premier rang de l'être, avec une lumière qu'elle doit consulter dans le calcul de tous ses intérêts, dans l'usage de toutes ses autres facultés, toutes aveugles, pour les conduire à une fin intéressante, digne de l'être qui raisonne. *Première règle de morale, ou pour ainsi dire l'unique, puisque cette faculté est la boussole qui marque le but de toutes les autres, qui ne sont elles-mêmes à la raison que des indica-*

teurs des besoins et des desirs de l'homme.

3° *Patrie de l'a-*
mour de soi. . . . .   Qui a été créée avec un violent et vif amour de ce *moi*, que la nature ne lui a rendu si cher que pour l'intéresser fortement à sa *conservation* et à sa *perfection*; terme sensible du bonheur et de la destinée de tout son être; amour, seul véhicule capable de le porter à la recherche de ce bonheur, malgré tous les obstacles extérieurs, et toutes les résistances intérieures de sa constitution corporelle et faillible.

L'impulsion vif de cet ardent amour, l'intérêt qu'il éveille, est donc le principe unique d'action et de motifs de ce *moi* qui s'aime ? mais moteur aveugle, sa raison en est le seul régulateur ; sans quoi ce *moi* seroit dévoré par son propre amour, ce qui répugne. *Seconde règle de morale.*

4°. *Libre*........   Qui, 1°. dans le calme (seul état moral de l'être qui raisonne) a tellement reçu de la nature le choix de son motif et de ses actions, la propriété acquise du mérite ou du démérite qui en résulte, que sa conscience l'applaudit ou la blâme ; que son propre cœur l'estime ou la méprise ; que ses semblables la jugent avec la même sévérité ; que sa famille l'élève ; que la société où il vit la conduit comme libre, puisque l'une et l'autre pu-

nissent ou récompensent
ses actions comme les
ayant motivées ; preuve
de fait qu'on ne les croit
point déterminées par
une aveugle nécessité.

Qui, 2°. n'est de fait
ni de droit la propriété
de qui que soit dans la
nature, sinon de son au-
teur ; qui ne dépend que
de ses loix constantes et
de celles de la société
qui lui garantit ses droits,
à la charge de respecter
ceux de ses semblables
et son autorité. *Troi-*
sième règle de morale.

5°. *Sensible*..... Qui sent par les organes de son corps, par
le sentiment moral de sa
conscience, par les effets
du bien et du mal, ré-
sultat de l'ordre ou du
désordre auquel elle s'est
livrée, lorsque mépri-

sant la prévoyance de sa raison, elle a voulu tâter des hasards de l'expérience.

Cette faculté est le tact de la raison pour juger par la douleur, les remords ou le calme, de la bonté ou de l'erreur de son choix dans l'action à laquelle elle s'est déterminée librement. *Quatrième règle de morale.*

6°. *Sociable.....* Qui est appelée par la nature, son amour-propre, sa foiblesse, ses besoins, ses affections, à s'unir en société avec ses semblables, à s'investir d'une force protectrice, afin de vivre avec eux de la manière la plus intéressante à son bonheur ; c'est-à-dire, dans une belle harmonie, dans

une juste et douce réci-
procité de devoirs, de
procédés, de sentimens;
balance où sa raison
pèse les avances qu'elle
doit à la société, avec
les prétentions qu'elle y
apporte. *Cinquième rè-*
gle de morale.

7º. *Perfectible...* Qui conçoit le meilleur, le beau en morale;
capable de s'y porter, ou
au moins de s'en appro-
cher; intéressée, aiguil-
lonnée par l'amour-pro-
pre, pour tendre à cette
fin intéressante; enfin,
éclairée par sa raison sur
les degrés qui l'en ap-
prochent ou qui l'en
éloignent. *Sixième règle*
de morale.

8º. *Faillible ou*
passionnée........ Qui a reçu des passions fortes, nécessaires

pour mettre en action une masse de chair, lui créer des besoins pour sa *conservation*; donner à son cœur, à son entendement des attraits pour sa *perfection*; l'obliger de les satisfaire, lorsqu'il s'agit des grands intérêts de la vie, malgré les résistances de cette constitution matérielle, et les lenteurs d'une raison froide qui est forcée d'attendre le calme pour juger;

Et par-là, sujette aux erreurs d'une imagination qui lui a été donnée ardente et curieuse, pour vaincre les difficultés de l'étude qui perfectionne son entendement;

Sujette aux faux calculs d'un amour-propre qui lui a été donné avide de jouissances et de gloire, pour l'important intérêt de sa conservation physique et de sa perfection morale ;

Sujette aux écarts des passions qui lui ont été données fougueuses , pour lui créer les premiers besoins de la vie.

Il falloit pour cela attacher ces besoins , ces passions si nécessaires, à des ressorts plus forts que toutes ces résistances , et dont l'usage ne soit pas si-tôt ralenti ou détruit.

Grands motifs à notre intérêt d'appeler la raison, pour conduire ces agens aveugles et fougueux aux desseins que lui indique chacune de ses passions en conformité de ceux de la nature. *Septième règle de morale.*

9°. *Mortelle*..... Qui, construite d'organes matériels et disso-
lubles, frottés et usés
par tous les corps avec
lesquels elle est mise en
action, en rapport, **tend**
sensiblement à une fin
paisible ou troublée, en
raison du choix qu'elle
aura fait dans le cours
de la vie, de jouissances
destructives ou modé-
rées, durables ou péris-
sables, consolantes ou
reprochables au dernier
moment.

Puissant motif pour
son intérêt de peser au
poids de la mort les jouissances de la vie, pour
s'en tenir à celles qui
sont durables jusqu'au
dernier soupir et conso-
lantes même au - delà.
*Huitième règle de mo-
rale.*

10°. *Religieuse* .. Qui, douée d'une raison tendante à l'immortalité, qui, d'après ses incertitudes sur l'origine et la fin de toutes choses, d'après les convenances que cette raison lui indique sur la manière d'être de ces objets dont elle ne connoît que l'existence, née foible, sensible, craintive, confiante et mortelle, est fortement invitée à remonter par le bel ordre et les desseins combinés qui brillent à ses yeux dans toute la nature, vers l'intelligence-principe qui seule peut les avoir conçus, qui seule peut lui avoir communiqué la faculté de les concevoir ; vers le sage ordonnateur qu'elle admire, le premier être qu'elle adore, le suprême législateur qu'elle craint, le père universel qu'elle a besoin d'aimer, dans les bras duquel elle a besoin de s'appuyer, dans la bonté duquel elle espère, dans les moyens duquel elle se console ; le témoin flatteur et imposant de ses actions les plus secrettes, de ses vertus calomniées, de ses peines imméritées ; enfin, le rémunérateur puissant qui double le prix des vertus, et rend infini le calcul de son intérêt. *Neuvième règle de morale, ou pour mieux dire le renforcement du principe de morale de la nature, à l'existence duquel toute société a encore plus d'intérêt que l'individu.*

11°.

11°. *Mise enfin au premier rang de l'être surt ous les animaux...........*

Qui par sa raison judicieuse et prévoyante, par sa sensibilité affectueuse et réglementaire, par sa liberté motivée, et sur-tout par sa sociabilité, est le premier des êtres sur ce globe.

Toutes qualités ou facultés réglementaires qui bornent son règne et sa supériorité sur les animaux, à user sans abuser de ces innocentes créatures selon les vues de la nature qui semble les avoir destinées à l'aider de leur force, à la recréer de leurs jeux, de leurs chants, de leurs caresses et de leurs charmes; à la vêtir des fruits de leur industrie, du produit de leur propre substance ; enfin, à la nourrir au prix même de leur existence. Terrible destinée !

Mais tous ces titres de supériorité lui imposent la justice et l'intérêt de donner des soins à ceux qui partagent ses travaux pénibles, d'épargner des maux à ceux qui font ses plaisirs, sur-tout des douleurs aux victimes que la nécessité seule peut lui permettre d'immoler à sa faim, et de n'ôter la vie qu'à ceux qui nuisent à la sienne ; reconnoissant enfin que l'homme n'est ni le roi ni le centre de la création où ces êtres figurent pour eux-mêmes, et tendent visiblement à une fin étrangère à l'homme quand ils lui nuisent.

Dixième règle de morale
comparée.

Voilà, on le sentira bien par soi-même, l'homme physique, métaphysique et moral, tel qu'il est sorti des mains du créateur. Il ne s'agit plus que de faire accorder ses mœurs ou sa conduite, avec chacune de ses facultés ou défectuosités naturelles, pour le mettre en harmonie avec lui-même, avec la société, avec les autres êtres, enfin avec toute la nature et son auteur.

C'est-là seulement, c'est dans ce point harmonique que gissent son bonheur et sa perfection ; conséquemment, c'est son intérêt et son devoir de tâcher d'y atteindre. Reprenons chacune de ces règles essentielles de sa vie.

CHAPITRE III.

PREMIER ARTICLE DU TABLEAU DES FACULTÉS DE L'HOMME.

De l'origine de l'homme moral placé au milieu d'un ordre sensible.

L'HOMME est une créature placée en rapports sensibles avec d'autres créatures, qui toutes suivent un ordre immuable dans un plan combiné.

Ce plan, que l'on nomme *nature*, qui a visiblement une unité de desseins, de combinaisons, de moyens, d'ensemble et de fin, qui a un mouvement réglé, une marche graduée vers un centre commun ; ce plan ne peut être tracé partiellement par chaque partie incohérente et inconnue entr'elles, d'un tout qui les subjugue, les asservit les unes les autres, et les conduit, par des mouvemens qui combattent leur résistance, à une fin qu'ils n'ont pu concevoir ; et ce tout si puissant, si intelligent et si sage, ne peut être le résultat de parties si grossières, si aveugles et si résistantes.

Il faut donc, quand on prononce le beau nom de *nature*, pour qu'il ne soit point insignifiant, remonter à la puissance qui la dirige, à la cause qui a tout réfléchi, et que suppose tout ce qui est ordre combiné et mouvement régulier.

Voici, à l'égard de cette cause, de cette puissance que toute la nature annonce, la seule manière de voir qui nous soit donnée, la seule certitude que nous puissions saisir; je la crois suffisante.

Par-tout où il y a de l'ordre établi, du rapport qui exige une combinaison préalable, du dessein qui conduit des objets différens, indépendans et qui ne se connoissent pas, à un même but, un tout, une unité, qui ne peut être le résultat de ses parties, il y a une intelligence unique qui a dû le concevoir. Par-tout où il y a une action motivée, il y a une cause motrice éclairée, qui agit selon des règles. Par-tout où il y a des êtres intelligens plus ou moins éclairés, plus ou moins dépendans, qui n'ont pu se donner cette qualité extraordinaire dont ils ne conçoivent même pas le principe ni le méchanisme, il y a une cause intelligente, de qui ils tiennent cette étonnante faculté.

Pour anéantir cette démonstration intime, manifestée dans toute la nature, mon intelligence secondaire, fille d'une intelligence primitive et productrice, ira-t-elle chercher dans les incompréhensibles, une cause aveugle, telle que le hasard ou une fatale nécessité, pour mettre à la tête de tant d'ordre? Ne suis-je pas à moi-même la preuve de l'existence nécessaire de cette cause première?

En effet, sont-ce donc mes yeux qui se sont dessinés eux-mêmes pour se mettre en rapport si parfait avec toutes les qualités de la lumière qu'ils ne connoissoient point? Sont-ce mes oreilles qui ont arrangé un méchanisme propre à être mu par l'élasticité de l'air sonore, dont elles ne connoissoient pas les propriétés? Est-ce ma bouche qui s'est tapissée elle-même de papilles d'une sensibilité exquise pour goûter les saveurs des alimens qu'elle n'avoit jamais connus? Est-ce mon odorat qui a calculé la divisibilité étonnante, la ténuité incompréhensible des parties balsamiques et odoriférantes que l'air lui propage de certains corps, pour leur préparer un organe si propre à les recueillir et à les porter au sentiment par des canaux et des routes inconnues?

Sont-ce toutes les parties différentes de mon corps, qui, au moment de sa conception qu'il a ignoré, se sont pourvus de formes, d'articulations, de muscles, de nerfs, de papilles propres à palper, à mesurer, à peser, à mouvoir des corps qui lui étoient alors bien inconnus, à exécuter des marches, des mouvemens, dont elles n'ont jamais calculé les loix, les ressorts, les forces et les moyens ? Est-ce moi enfin qui me suis organisé pour sentir, concevoir et penser, sans que jamais, depuis que je pense, j'aie pu découvrir le principe ou le méchanisme de ma pensée ?

Ne me reste-t-il donc pas démontré jusqu'à l'évidence que je suis un ouvrage dessiné, prévu, formé par l'intelligence-principe qui m'a conçu dans le plan de l'univers, qui me fait penser par sa puissance intellectuelle, qui éclaire mes yeux par des corps lumineux qu'il fait mouvoir et qu'il a placés à des distances énormes de moi, qui fait répéter dans mon oreille toutes les modifications, les vibrations, les réfractions des sons que l'air, frappé par des corps sonores qui sont hors de moi, propage à cet organe ? C'est elle, c'est cette intelligence, principe et créatrice, qui fait goûter à ma bouche des fruits qui naissent au loin , qui m'envoie des corps odoriférans dont elle seule a composé les essences , des parfums qui embaument mon odorat ; c'est lui ; c'est l'éternel Architecte de l'univers , qui m'a introduit dans ce palais magnifique , avec la faculté d'user de toutes les richesses qu'il y a répandues, qui m'invite de remonter par cet ordre si beau, au tau-calon , au modèle, à la beauté primitive, inaltérable , au type primordial qui se peint fortement dans ma conception , qui se fait si fort aimer dans mon cœur , admirer dans mon entendement, adorer dans mon ame, et craindre dans ma conscience.   .

Je le répète donc : nul ordre combiné sans centre de rapports , sans desseins préalables ; nul dessein sans intelligence : telle est la dernière hauteur de notre conception à cet égard. Que pourroit-on dire pour arguer cette manière de voir ? Des choses incompréhensibles , pour renverser une connoissance si sensible et en même tems si utile.

Si Dieu n'existoit pas , il faudroit l'inventer, a dit un homme célèbre , qui, frappé de son utilité, lui a effectivement inventé une existence ridicule, dépendante d'une fatalité absolue, et par conséquent inutile à la morale.

Premièrement, s'il n'est pas possible de douter de son existence, il ne faut point admettre l'hypothèse de l'invention. Secondement, je dis que, si on pouvoit supposer qu'il n'existât pas, la morale ne permettroit pas de l'inventer, parce que, s'il nous est infiniment intéressant de ne point être trompés, nous ne pouvons jamais nous permettre de tromper, d'avilir, de contrarier notre être par une fourberie, quelque célèbre que soit l'auteur d'une maxime contraire.

Heureusement la nature, plus sage que ce philosophe, n'a fait de l'existence de Dieu, qu'elle nous révèle si éloquemment, ni d'aucune idée spéculative, le principe pratique et actif de la morale ; elle n'a pas placé ce principe hors de l'être qu'il doit diriger ; elle l'a mis dans mon cœur, dans l'amour de ce moi ; c'est l'intérêt que j'aurai toujours de diriger mes mœurs à la conservation et à la perfection de mon être, quand je serois l'unique qui existât dans l'univers, qui, seul, me fait agir en morale ; parce que j'ai besoin d'être heureux, et que je ne puis l'être qu'en me conservant et en me perfectionnant.

Par-là, l'athée, à qui il importe fort d'imposer une morale, retrouve encore dans son intérêt une loi de ce Dieu sage, que son amour-propre en délire a entrepris de renverser de son trône, pour y faire monter le hasard.

Cependant, quoique l'existence du suprême Législateur ne soit point l'unique principe actif de la morale, cette grande idée en double la force, porte cet intérêt, ses calculs et ses produits jusqu'à l'infini.

Voici donc ce que je conclus en faveur de la morale, de l'existence de cette cause intelligente de tout ordre. Je dis que cette cause imposante qui règle avec tant d'ordre la marche des corps qui nous environnent, ne sauroit mépriser la marche morale de nos actions qu'elle a confiée à la direction libre de notre raison; parce que je vois le même rapport entre l'ordre moral qui règle nos mœurs, et l'ordre physique qui règle la marche des corps, puisque nos mœurs, bonnes ou mauvaises, détruisent ou conservent l'économie de nos corps, soit par les effets physiques et désastreux des excès, ou des inquiétudes et des remords que les mœurs déréglées occasionnent, soit par les suites bénignes et salutaires de la modération, ou du calme et du contentement qué les bonnes mœurs laissent dans la conscience.

D'ailleurs, s'il étoit possible que le pervers abruti, ou l'innocent écrasé, n'éprouvassent aucun de ces effets, bons ou mauvais, doux ou amers, persuadés que leur conduite n'a pu être indifférente au suprême Modérateur, l'un conclûra qu'il peut avoir des moyens puissans contre sa perversité ; l'autre, des consolations ineffables pour les malheurs qu'il éprouve injustement, et ils agiront tous deux en conséquence.

Ainsi le dogme de l'existence d'un Dieu, bon, juste et vigilant, est très-utile, très-important à la morale, et heureusement il ne faut pas l'inventer.

Mais vouloir lever le voile impénétrable dont la nature le couvre respectueusement à nos yeux, pour imaginer ou deviner ce qu'il est, ce qu'il fait, quand il a commencé d'agir, s'il agit encore, de quelle manière il agit, s'il a été obligé de finir de toute éternité tout ce qu'il a pu faire ; si, depuis cette époque, sans doute il ne crée plus, il ne forme plus, s'étant enchaîné lui-même à son ouvrage par des loix nécessaires ; s'il a cessé d'être libre, actif et puissant ? Autant d'efforts inutiles, de questions sans réponses, de matières à sys-têmes, de sources d'erreurs.

Croyons que l'Etre immense que tant de grandeur, d'étendue, d'ordre et d'intelligence annonce, ne peut être limité par les foibles apperçus de nos philosophes ; il doit régner dans l'immensité avec autant de connoissance, d'activité, de puissance, qu'il en a déployé en formant cette portion de l'univers que nous appercevons. Ses facultés divines sont insépa-rables de son essence ; il ne peut en déposer l'usage, ni les avoir épuisées en formant quel-ques mondes ; l'espace n'a pas plus de bornes que lui-même ; il peut y former, en tout tems et à son gré, d'autres mondes que nous ne soupçonnons même pas, et néanmoins veiller, par sa providence, sur ce monde moral livré à la liberté de l'homme, sur ce monde qui conséquemment ne suit point de loix néces-saires, comme il veille, par la puissance de ces loix immuables, sur le monde physique.

N'en déplaise à nos raisonneurs, le dogme d'une Providence qui voit nos larmes, nos efforts, notre résignation, et qui attache à nos actions mêmes, des suites consolantes ou déchirantes, selon l'usage que nous faisons de notre liberté ; ce dogme ne change rien aux loix immuables ; et quand d'ailleurs cette Providence me feroit toucher des secours inespérés sur un honnête homme dont le bon cœur est déjà déterminé au bien , ou me feroit punir par un scélérat déterminé, des scélératesses que je me serois permises , la liberté de ces deux agens , ni le monde physique ou moral n'en seroient point dérangés, quoi qu'en disent nos fatalistes , puisque cela ne toucheroit à aucune loi nécessaire.

Ce dogme est plus digne d'un ordonnateur libre , éclairé et équitable ; il est plus consolant pour des créatures libres et sensibles , que le dogme sec d'un dieu morne , enchaîné à la roue de la fatalité , à laquelle il a eu l'imprudence de donner un mouvement qui l'entraîne à jamais.

Il n'auroit donc vraiment existé avec l'usage de tous ses attributs, que l'instant fugitif où sa volonté a tout fait ! Avant ou après, je ne vois plus à quoi sert son existence. C'est un Dieu mort pour lui et pour nous , si sa providence n'est pas son mode d'existence utile.

Nous donnerons plus d'étendue à cette consolante vérité, lorsque nous en traiterons dans la quatrième partie de cet ouvrage ; elle ne se trouve ici que comme une inscription imposante au frontispice du monde moral dont nous allons examiner les loix.

CHAPITRE IV.

PREMIÈRE RÈGLE DE MORALE.

L'Accord de nos mœurs avec la raison.

FAIRE accorder ses mœurs avec la raison, c'est les mettre en harmonie avec toute la nature, c'est conformer sa conduite à toutes les facultés qu'elle nous a données, c'est consulter dans toutes nos entreprises, l'étendue de nos forces, notre capacité, et les bornes que la foiblesse de notre constitution faillible et mortelle y a posées ; c'est étudier les desseins de la nature sur les actions de notre être, pour ne point nous en écarter.

La nature a attaché fortement le bonheur de l'homme à l'accomplissement de ses desseins sur lui, c'est une de ses loix aussi constantes que la gravitation des corps ; c'est envain qu'il chercheroit ce bonheur dans des jouissances ou des privations qu'elle désaprouve, ou dans ses propres systêmes ; il ne saisiroit que des peines ou des chimères. Il a donc bien de l'intéret d'étudier ses desseins, dans sa propre constitution, pour s'y conformer ; c'est le seul but digne d'elle que la sagesse lui propose.

La raison est la seule lumière, la seule faculté intellectuelle que l'homme a reçue, pour appercevoir une fin morale, et des desseins combinés dans l'objet de ses desirs et de ses recherches, pour comparer ce qui conduit à cette fin et ce qui en détourne, afin de choisir le meilleur parti, le plus intéressant pour lui, le plus analogue à la fin qu'il doit se proposer. Les passions pressent les jouissances, mais ne comparent rien sur les motifs qui doivent décider un être moral.

L'homme qui, dans l'usage de ses passions ennivrantes, ne consulteroit pas la seule lumière qui peut en appercevoir le but salutaire et sage, courroit les risques de l'imprudent qui, dans l'ivresse, se couvriroit encore les yeux, pour marcher en trébuchant sur les bords d'un précipice.

Le premier insensé qui a repoussé cette

lumière, pour se livrer sans frein à ses passions, a été forcé d'abjurer son erreur, sur
un lit de douleur et d'opprobre , périssant
décrépit à la fleur de l'âge, justement méprisé
des hommes et de lui-même, puni dans le
corps et dans l'entendement, privé de tout
sentiment consolant.

La raison, cette étonnante faculté, cette
émanation intellectuelle d'un intelligence-
principe, ce flambeau divin, que l'Auteur
de la nature a allumé au milieu d'une masse
de matière organisée; cette substance inconnue, productrice de la pensée, qui a en elle
le pouvoir de l'étendre par la réflexion , d'en
connoître tous les rapports, par la comparaison, avec le droit suprême de décider, de
juger et de vouloir; voilà la qualité éminente
de l'homme ! voilà ce qui constitue sa dignité
parmi les êtres, sa suprématie sur ceux qui
sont moins éclairés que lui, et spécialement
son empire sur lui-même ; voilà le sceptre
sous lequel il doit régir ses passions! Peut-il,
dans sa conduite, mépriser impunément ce
fanal allumé pour éclairer la route qu'il
doit tenir sur cette mer orageuse et pleine
d'écueils, où le pousse le flot aveugle de ses
passions ?

Non ,

Non, non, il ne le méprisera pas impunément. L'homme matière comme l'homme esprit, l'homme machine hydraulique ou à le-
viers, mû par une divinité fantastique; l'athée
opaque qui couvre les cieux de l'épaisseur de
son système ténébreux, qui nie tout dessein
dans l'ordre du monde, pour se laisser aller
au cours de ses humeurs; enfin l'homme factice comme l'homme naturel, raisonnable,
moral et religieux, tous éprouveront qu'ils
sont obligés d'avoir recours à cette lumière,
de consulter cette première faculté, dans
l'exercice de toutes les autres, sous peine de
devenir le triste jouet des sens, la victime des
abus, et la dupe des préjugés.

Oui, si vous suivez l'impression aveugle
de vos sens, c'est-à-dire, de vos passions;
comme elles vous ont été données fortes et
véhémentes, pour vous créer des besoins,
vous inviter puissamment à les satisfaire, et
vous emporter victorieux de tout obstacle,
vers le seul but sage de *conservation* et de
perfection, que peut avoir eu l'Auteur de la
nature en vous les donnant, et que peut se
proposer votre intérêt en les satisfaisant;
but que votre raison seule apperçoit, que
ces agens aveugles ne voient point : oui, ils

Tome I.   K

vous jetteront au-delà, dans des écarts honteux et pénibles, qui affligeront, détruiront
et dégraderont l'être que vous aviez à *conserver* et à *perfectionner*. Ceci est une vérité
pratique que l'expérience confirme, et que
l'on ne nie pas sensément.

Voyez donc quelles fautes amères vous
commetteriez contre vous-même, en vous laissant aller à ce torrent bourbeux, sans consulter la raison sur la route que vous deviez
tenir au milieu de l'orage.

Oui, si en société vous prenez les abus
pour des préceptes, sans les examiner, vous
en serez victime ; ils pèseront sur votre liberté et votre bonheur, en raison de leur
discordance avec les desseins de la nature ;
et si vous prétendez toujours, au mépris de
cette raison, porter au milieu de vos semblables, vos propres abus, les écarts d'une
liberté que les loix ne refreignent pas, des
prétentions qui vous fassent refuser de mettre
votre intérêt particulier en harmonie avec
l'intérêt public, vous trouverez par - tout
des vengeurs de cette raison si injustement,
si mal-adroitement méprisée, qui vous con-
firmeront cette première règle de morale,

par des actes de représailles qui vous force-
ront d'y revenir.

Oui, si vous ne raisonnez pas avant de vous
laisser persuader, si la raison ne dirige pas
chez vous l'imagination, vous aurez bientôt
la tête entreprise de préjugés fâcheux, c'est-
à-dire, de chimères admises sans jugement :
et votre raison détrônée, dégradée, asservie
par des fables affligeantes, des erreurs avilis-
santes, des préceptes dénaturés, sera dupe
des visionnaires qui les ont imaginés, ou
des fripons qui les ont établis.

Mais, c'est lorsqu'il s'agit de vous affran-
chir d'un préjugé établi que, pour ne point
tomber dans une extrêmité contraire, il faut
faire usage de votre raison, et l'étayer même
de la raison des sages, pour examiner avec
circonspection ce qui distingue vraiment
un préjugé d'une vérité utile ; encore n'avez-
vous d'autres droits, sur les préjugés même
de la société où vous vivrez, que ceux que
les loix vous donnent. Voici la règle de
discussion que la raison vous dicte à cet
égard :

Tout ce qui, en spéculation, implique con-
tradiction avec les principes connus de la
raison universelle et les loix de la nature ;

tout ce qui passe les bornes de la certitude et des connoissances humaines ; tout ce qui, en morale, est contradictoire avec les desseins de conservation et de perfection de l'Auteur de la nature, sur notre être ; tout ce qui n'est point en harmonie avec nos facultés; tout ce qui en détruiroit une seule ; enfin, tout ce qui passe nos forces, est à coup-sûr un préjugé.

Voyez, d'après ces inconvéniens malheureux, si la nature et votre intérêt ne vous font pas une loi imposante de consulter votre raison, dans les détails de la direction de vos mœurs ! Elle y a attaché votre bonheur, votre honneur, votre indépendance, l'estime de vous-même et de vos semblables ; voyons maintenant comment nous appliquerons cette première règle de conduite à nos mœurs ?

Sous les auspices de la raison, nous dirigerons toutes nos actions, l'usage de toutes nos facultés, enfin, toutes nos passions, aux desseins de la nature sur nous.

C'est-à-dire, que, le flambeau de la raison à la main, nous descendrons dans nous-mêmes, pour prendre la nature sur le fait, et l'interroger sur la seule fin qu'elle a dû se proposer, en nous donnant telle faculté, tel besoin, tel desir, en un mot telle passion, afin de remplir ses desseins et ne les point passer ; desseins qui, pour être dignes de la sagesse, doivent être inséparables de nos plus chers intérêts, combinés avec ceux de nos semblables.

Mais, me direz-vous, la raison voit-elle ces desseins ? La nature ou son auteur les lui a-t-il révélés ?

Dès le premier apperçu, la raison la plus foible, pourvû qu'elle soit saine, voit, à n'en pas douter, que le grand vœu de la nature sur tous les êtres qu'elle produit, et spécialement sur l'homme perfectible, c'est, comme nous l'avons déjà tant répété, sa *conservation* et sa *perfection*, puisque c'est-là la fin de toute production, dans une intelligence productrice.

S'il étoit possible que, dans quelques têtes mal organisées, la raison n'apperçût pas ces deux grands desseins, l'expérience les feroit connoître à ces êtres disgraciés, par le mépris ou l'estime dont les hommes judicieux les couvriroient, par la satisfaction de leur propre cœur, ou le blâme de leur conscience, par le dépérissement ou l'épanouissement de leur santé, selon qu'ils auroient méprisé ou consulté cette lumière , dans la recherche de ces desseins , avant de se permettre des actions imprudentes , ou des entreprises dangereuses.

Dira-t-on qu'il manque une sanction intime, une force coërcitive , c'est-à-dire , une autorité suffisante , pour promulguer cette première loi constitutionnelle de la morale , et pourvoir à son exécution ? Nos préceptes humains sont-ils aussi palpables , aussi efficaces , dans leur notification et leur observation ?

Je répondrai toujours , avec l'expérience , aux calomniateurs de la raison , que , si elle n'est point infaillible dans chaque tête , lorsque les passions , nécessairement plus véhémentes qu'elle , la préviennent , elle l'est souvent dans le calme , et l'est toujours , en général , dans le naturel humain , considérée alors comme raison universelle.

En effet , quelle est la raison qui , après quelques chocs qui sont sans crimes , quand la volonté ne les a ni produits , ni provoqués , ni négligés ; quelle est la raison qui ne juge par du ravage que ces chocs ont occasioñné au physique et au moral , et n'indique par les moyens de les réparer , de les éviter à l'avenir autant qu'il sera en son pouvoir !

J'ai dit, en second lieu, que *la raison en général*, ou *l'assentiment universel ne trompoit pas;* la nature la conserve toujours lumineuse, dans ce petit nombre de têtes qu'elle organise, pour étayer la raison foible, négligée ou incertaine du grand nombre de ses enfans, et donner le ton aux sociétés humaines. C'est une vérité d'expérience constante, prouvée par les principes universellement admis comme incontestables.

Ceci, me dira-t-on, exige une discussion sur les paradoxes et les subtilités des faux raisonnemens, qui, au premier coup-d'œil, paroît difficile à la plupart des hommes !

Mais la raison est une faculté discutante. Qu'elle prenne donc la peine d'appliquer à l'examen de ce qu'on écrit ou publie sur l'objet de sa discussion, la règle simple et infaillible qui est en elle, et que nous avons indiquée, pour connoître les préjugés. Nous la remettrons volontiers sous les yeux, parce qu'elle nous paroît importante ; la voici en substance :

« Si ce qu'on nous propose comme démon- » tré, implique contradiction avec les lu-

» mières de la raison universelle , avec les
» loix constantes de la nature , si cela est au-
» delà des bornes de la certitude humaine,
» au-dela des conceptions de l'homme, dans
» l'empire imaginaire des suppositions , des
» systêmes , où la raison ne trouve plus cet
» appui qui touche à une vérité sensible ,
» pour atteindre celle qui l'est moins , et la
» saisir par l'analogie , c'est un paradoxe en
» raisonnement :

» Si ce que l'on publie ; comme une vérité
» pratique en morale , est en contradiction
» avec notre constitution naturelle , au-delà
» de notre capacité, destructeur d'une seule
» de nos facultés , tendant à la dégradation
» de notre être , c'est un paradoxe en
» morale ».

Alors, au moins, on sent l'intérét de s'en
méfier , et on ne prend point pour règle de
sa conduite et garant de son bonheur , ce
qui dépraveroit l'une et détruiroit l'autre.

CHAPITRE V.

Deuxième règle de morale.

L'accord de nos mœurs avec l'amour-soi.

L'homme n'a pas besoin qu'on lui prouve qu'il est né avec un violent amour de lui-même; c'est un sentiment qui croît avec lui; une étincelle qui jaillit à la première pulsation de son cœur, une flamme qui s'allume au premier souffle de la vie, qui s'échappe dans les douces conceptions de l'immortalité, quand le dernier soupir va l'éteindre; c'est, pendant la vie, un feu qui le brûle et souvent le dévore, un brâsier que les passions alimentent, que leur fougue agite, et que la raison seule peut modérer.

L'Auteur de la nature, en formant l'homme pour être le maître de ses actions, en lui confiant le soin de sa conservation physique et de sa perfection morale, a dû lui donner un principe d'activité, a dû faire de sa personne un centre de rapports, mettre dans son cœur un sentiment d'intérêt, dans son intelligence

un calcul de valeur, qui l'emportât sur tou
les obstacles et les inconvéniens de sa cons
titution corporelle et morale. Il a fallu l'inves
tir d'une force victorieuse de toutes les résis
tances de son inertie, et mettre au-dedans
de lui un foyer d'amour de tout ce *moi* qu'i
devoit conserver et perfectionner, et c'est ce
que nous sentons avec profusion.

Cet amour conservateur et intéressé à notre
perfection embrasse donc deux objets qui von
au même but ; l'un physique, qui est la con
servation de notre être corporel ; l'autre mo
ral, qui est la perfection de notre être intel
ligent.

L'amour physique de soi-même produit en
nous ce vif intérêt de notre conservation, e
cette horreur de notre destruction qui agit
sans notre délibération, et souvent malgré
elle, lorsque le principe de la vie est menacé.

Il falloit bien qu'un être sujet aux erreurs
d'une imagination avide de connoissances,
aux écarts de passions avides de jouissances,
aux inconvéniens des maladies, aux résistances d'un corps tendant au repos ; il falloit
bien qu'un être souvent arrêté par la lenteur
des discussions et de la détermination d'une
raison froide, qui ne peut examiner et juger

que dans le calme ; il falloit , dis-je , qu'un être si contrarié eût, malgré cette fougue dan- gereuse des passions , malgré ces résistances de la chair , ces lenteurs de la raison, un puissant conservatif répandu dans toutes les parties de l'être qu'il a à défendre et à con- server.

Aussi cet amour , ce sentiment conserva- teur tient à des ressorts qui se filent , pour ainsi dire , dans le tissu des moindres fibres qui organisent son corps ; il coule avec les moindres globules des liqueurs qui l'arrosent et le font mouvoir ; car nous sentons les unes entrer en contraction , et les autres en fer- mentation , pour repousser les atteintes du danger et se débarrasser du corps étranger qui se seroit introduit dans les canaux ou dans le tissu de ce méchanisme délicat qu'il menace de détruire.

Très-certainement on ne peut trouver une loi plus instante , plus sensiblement promul- guée , intimée à la raison de conserver nos jours sains, paisibles et heureux, par une conduite qui tende à cette fin si intéressante.

L'amour moral de soi est ce sentiment ap- préciateur qui nous a été donné si avide de

gloire et d'applaudissemens, qu'après nous
avoir fait concevoir une haute idée de notre
existence morale (c'est-à-dire , de ce mérite
personnel qui ne nous flatte que quand il
est acquis par des vertus, des talens dignes
d'estime), produit encore en nous l'intérêt
d'étendre de plus en plus cette jouissance pure,
d'embellir, de rehausser cette précieuse existence d'un nouveau degré de mérite, d'arracher
à la nuit du tombeau cette portion incorruptible de nous-mêmes, et pour l'immortaliser, de
cacher ce trésor dans le sein d'un Rémunérateur éternel, ou de le placer dans la mémoire
de nos semblables ; enfin d'établir, par l'estime et la supériorité de mérite , le plus doux
des empires sur le cœur humain. Règne heureux, digne de toute l'ambition que cet amour
inspire !

Voilà l'amour dont la nature a paitri le cœur
de l'homme. Si elle n'avoit accompagné ce
don, souvent si funeste, de celui de la raison,
on pourroit dire , non qu'elle a formé cette
créature dans sa haine, ce qui répugne à tout
être producteur ; mais qu'elle l'a aimé jusqu'à
l'aveuglement, jusqu'à manquer son but : car,
elle l'a , pour ainsi dire , enveloppé dans les

filets de cet amour, de ce sentiment vigilant,
et n'a voulu confier qu'à son activité sûre le
principe moteur de ses actions.

Elle a fait de son être un petit univers à lui,
où tous les mondes sont réfléchis, comme s'ils
n'avoient été créés que pour lui; de son corps,
un point de contact de tous les êtres, de tous
les élémens qui circulent avec lui dans le même
fluide, comme s'ils étoient dans son domaine;
de son cœur, un centre de sensibilité et de
rapports, qui le met en comparaison toujours
avantageuse avec tous les êtres sensibles, un
foyer de desirs qui porte ses prétentions au-
delà même des possibles, un feu qui allume
son imagination pour lui créer des mondes
qui doublent ses jouissances intellectuelles;
elle a fait de son esprit un tribunal de cita-
tion, où tous les autres esprits sont jugés avec
une partialité toujours favorable à ce petit
moi, si amoureux de lui-même; de sa tête,
un brâsier de curiosité qui veut tout embrasser, tout sonder, au-delà même des limites
de ses connoissances et de l'impénétrabilité
des tems : elle a fait enfin de tous ses sens,
indicateurs de tous ses besoins, une fourmillière de tyrans, un gouffre d'appétits toujours renaissans, que provoquent des pas-

sions flatteuses, où sont entraînés, engloutis, dévorés, tous les objets qu'elles présentent à son empressement de jouir.

D'où il résulte que le seul principe d'activité d'un être qui s'aime de cette force, est
et ne peut être que cet amour même de lui.

Mais, comme nous venons de voir, ce
puissant agent, qui nous a été donné extrêmement vif pour nous mettre en action, malgré tout obstacle, est nécessairement le sentiment le plus aberratif dont la nature nous
ait pourvus ; et, si elle n'avoit accompagné
ce funeste présent de celui de la raison, pour
éclairer son aveuglement, il nous eût empor-
tés au-delà du but, dans tous les excès destructeurs de notre être. Alors l'amour eût
produit en nous les effets désastreux de la
haine la plus implacable, ce qui est manifes-
ment contraire aux desseins constans de la
nature. Et voilà précisément comme il agit
dans l'égoïste aveugle qui saisit la jouissance
actuelle et fugitive que lui présente une passion, sans raisonner sur ses suites et sur sa
fin.

La nature a donc mis ce sentiment aveugle,
fougueux et dangereux, sous la direction im-
médiate de la raison chargée de le conduire à

la fin, qu'elle seule apperçoit. Et quelle peut être la fin de l'amour? si ce n'est le soin de l'existence et la recherche de la perfection et du bonheur de l'être qui s'aime! Voilà sans doute son intérêt.

On ne conçoit pas d'amour sans intérêt, et ce calcul pour soi est, si je puis m'exprimer ainsi, le premier instinct de l'amour de soi.

Mais tout ce qui est calcul, devant être discuté, est nécessairement du ressort de la raison; elle seule peut comparer deux valeurs, juger de la plus haute, et, en dernière analyse, poser en compte un juste résultat. L'amour ne calcule, ne compare, ni ne juge : il invite, il presse, il emporte s'il ne trouve point de résistance suffisante.

Il demeure donc démontré par la raison même et l'expérience que le seul et unique *principe* actif et régulateur de la morale est *l'intérêt de l'amour de nous-mêmes, calculé par la raison*.

C'est en vain que les moralistes, les politiques, les métaphysiciens de toutes les religions ont entrepris contre les efforts constans de la nature, de donner à l'homme d'autres principes de morale aussi subversibles que leurs opinions qui ont tant varié sur ce globe.

Il est de fait qu'il n'a jamais agi et n'agira jamais que pour son *intérét* bien ou mal calculé ; mais la religion dirige et double les apperçus de ce calcul, quand elle le fait de concert avec la raison.

Ainsi tout ce qui reste à faire en morale, en faveur des hommes, c'est de conduire ce calcul aux résultats les plus incontestables et les plus mathématiques aux yeux de la saine raison ; et ces résultats ne seront tels que quand les desseins de la nature sur notre être seront remplis : c'est de leur démontrer par l'expérience, les inconvéniens malheureux du calcul faux des sens, presque toujours opposé aux vrais intérêts de cet amour et aux desseins de la sage nature.

Le créateur n'a fait, de tous les hommes qui habitent la terre, qu'une seule famille partagée en diverses branches, mais avec le même principe d'action, le même intérêt de calcul, la même lumière pour l'éclairer, en un mot, la même morale posée sur les mêmes bases, je veux dire les desseins de conservation et de perfection que la nature a manifestés sur l'espèce entière. Il ne s'agissoit, pour le bonheur du genre humain et sur-tout de la multitude qui réfléchit peu, que d'être conduit à

ce

ce but par le petit nombre de ceux qui cultivent leur raison.

Mais qu'ont écrit la plupart de nos prétendus sages sur cette matière importante ?

Les uns ont vendu leur plume aux ennemis du genre humain ; les autres ont publié des principes de mœurs aussi variés, aussi versatils que les systêmes politiques et religieux qui ont paru et disparu depuis l'origine du monde.

Mais j'entends ces sages que j'accuse, conclure de ce désordre aussi ancien que le monde, qu'ils sont donc de fait dans la nature de l'homme.

Eh oui ! malheureusement ils y sont, mais comme des erreurs de sa sensibilité que vous deviez éclairer de votre raison, et non comme des principes constitutifs sur lesquels vous l'avez trompés ou laissé égarer, en publiant, comme vous l'avez fait, des sophismes, des systêmes sur l'homme, sur l'usage de ses passions, des blasphêmes sur l'Auteur de la nature, ou des absurdités sur des dieux et des démons faits à votre image, en attachant enfin la morale à ce frêle édifice, qu'un grain de sable dirigé par un intrigant habile à mille

fois brisé pour usurper un trône en démora-
lisant une nation.

Et, en effet, quand ces spectres sont éva-
nouis et leurs images renversées, la morale
s'en détache; alors, que deviennent les mœurs
des hommes indignés d'avoir été si affreuse-
ment trompés? Effrénés, ils parcourent tout le
cercle des excès, jusqu'à ce qu'un extrême
malheur les ramène aux principes intéressans du bonheur qu'ils veulent reconquérir.

Quelle différence! si vous aviez dit avec
toute la nature aux hommes que vous deviez
éclairer : « Ayez des mœurs! non parce que
» vous êtes Grecs, Romains, ou Scythes, Sabi-
» tes, Brames, ou Musulmans; mais parce
» que vous êtes hommes, parce que, vous
» aimant plus que toute chose, vous avez le
» plus grand intérêt de trouver ce bonheur
» que vous cherchez, dans ce qui convient
» le mieux à votre nature! Cette harmonie
» qui vous mette d'accord avec vous-même,
» avec vos semblables, et avec tous les êtres
» de la même création; enfin, cet heureux
» état de perfection possible et proportion-
« nel que la sagesse seule, amie de la rai-
» son, peut vous indiquer et vous donner.

« Soyez sages, non en maximes purement
» spéculatives , non en vaines pratiques ,
» non selon les systêmes variables des am-
» bitieux qui cherchent à vous dominer sans
» titres ; mais selon les desseins éternels de
» la nature , manifestés sur vous , et sur
» l'espèce entière ; je veux dire , votre con-
» servation physique et votre perfection
» morale : ajoutez-y l'intérêt religieux qu'elle
» vous inspire et qui double les valeurs du
» calcul de votre intérêt jusqu'àl'i nfini. »

Alors, quel seroit l'ambitieux , le scélérat,
l'intrigant, le caffard qui pourroit pervertir
cette morale ! elle résisteroit à toutes les révolutions , et jamais un peuple ne pourroit
se démoraliser , quelque systême de gouvernement ou de culte qu'il ait pu adopter.

Alors la morale seroit toujours la base
solide des empires et des négociations politiques.

D'où je conclus en faveur du triple intérêt personnel , politique et religieux que
nous avons tous , de faire accorder nos mœurs
avec cet mour éclairé de nous - mêmes ,
comme au seul principe invariable de la
morale.

C'est-à-dire , de calculer l'intérêt qu'il

nous inspire sur les desseins que s'est proposés l'Auteur de la nature auxquels il a attaché tout notre bonheur, en de-çà et en
de-là duquel nous ne rencontrons que désordres, impossibilité, dégradation, destruction et malheur ; et d'empêcher que
ce violent amour, en accordant trop aux
passions séductrices, ne produise en nous
les effets fâcheux et contradictoires de la
haine.

CHAPITRE VI.

TROISIÈME RÈGLE DE MORALE.

*L'accord de nos mœurs avec l'usage d'une
liberté réglée.*

LA liberté avec laquelle l'homme a été
créé, doit être considérée sous le double
rapport de sa destinée dans l'ordre moral
et dans l'ordre social.

La liberté de l'homme dans l'ordre moral,
est cette faculté qu'il a reçue de la nature,
de se déterminer à son gré au bien ou au

mal, par des motifs sages ou pervers, ou simplement erronnés.

Qu'il ait reçu cette faculté comme une prérogative de sa nature sur tous les autres êtres, c'est une vérité de sentiment et d'expérience universellement reconnue.

Elle est d'abord de sentiment; car, dans toutes nos actions morales, c'est-à-dire, discutées, réfléchies et motivées (tout autre n'étant qu'un mouvement purement méchanique), nous sentons que nous délibérons, que nous présentons des motifs à notre raison; que nous les discutons sur notre intérêt bien ou mal vu; que nous les comparons entre eux pour juger du meilleur; que nous nous déterminons par un de ces motifs bon ou mauvais; et qu'enfin notre volonté nous fait exécuter ce jugement.

Nous en sentons encore mieux les suites, puisque tôt ou tard nous éprouvons la satis_faction ou le repentir du choix heureux ou malheureux auquel nous sommes déterminés; puisque, d'après ce choix, nous nous blâmons, nous nous applaudissons, nous nous estimons, ou nous sentons notre propre avilissement; nous nous livrons au désespoir; nous restons dans l'opprobre, ou nous pre-

nons des mesures pour en sortir , pour rectifier ce mauvais usage de notre liberté ,
et réparer les désordres et les ravages qu'il
a causés , en consultant mieux nos intérêts
et les desseins toujours sages , toujours heureux de la nature.

Certainement , si c'étoit elle qui emportât
notre détermination , elle ne nous en auroit
laissé ni la discussion , ni le jugement ; elle
ne se seroit pas joué de nous , au point de
nous laisser la honte ou la gloire , l'ap-
plaudissement ou le blâme intérieurs d'actions qu'elle auroit forcées, et qui ne seroient
point les nôtres.

La nature si vraie, si uniforme dans toutes
ses opérations au physique , auroit donc
menti à elle-même dans la constitution morale de l'homme ! ce qui est impossible.

Ce sentiment appréciateur de nos actions,
qui approuve ou condamne notre choix ,
qui applaudit ou blâme notre jugement , est
le titre le plus authentique de la liberté que
la nature nous a laissée sur nos actions ; il est
l'expression même de la faculté qui les opère
en nous ; notre mérite ou notre avilissement
est donc notre ouvrage , notre propriété.

D'ailleurs , si la nature , toujours sage ,

se fût chargée de notre détermination morale, sans doute, elle nous eût conduits au plus bel ordre possible, au meilleur parti ; c'est ainsi qu'elle en use à l'égard des corps dans la marche harmonique de l'univers, et à l'égard des animaux dans les mouvemens vitaux, si nécessaires à la vie, qu'elle n'a pas voulu les laisser à la disposition d'une volonté étrangère et vacillante.

. Aussi remarque-t-on en anatomie, une différence d'origine des paires de nerfs qu'elle a destinés à exécuter des mouvemens volontaires, d'avec ceux qui doivent en exécuter de nécessaires à la vie ; tels que les pulsations du cœur, le battement des artères, l'action des viscères, la circulation des liqueurs, etc. ; donc elle nous a créés libres et organisés pour cela ?

La difficulté deviendroit encore plus sérieuse, s'il falloit mettre sur le compte de l'intelligence qui a présidé à tant d'ordre, à tant de combinaisons sages et profondes, les désordres affreux, les abus avilissans, enfin, tous les crimes de notre liberté : alors elle dégraderoit, elle détruiroit son propre ouvrage ; elle se dégraderoit elle-même, en déchirant d'une main folle ou perfide ce

qu'elle a tracé d'une main habile et pleine
de bonté dans la constitution de l'homme,
c'est-à-dire, ses beaux desseins de conservation et de perfection.

Tous les systêmes éphémères, fruits in-
formes de la liberté déréglée de nos prétendus
sages, sur leur homme machine, et sur la
fatalité, viennent se briser contre cette épouvantable difficulté ; car il faudroit détruire
la solidité de ce raisonnement d'analogie,
qui veut que la même intelligence qui préside nécessairement au monde physique et
moral, ne soit point contradictoire, et elle
le seroit furieusement.

Je dis, en second lieu, que notre liberté
morale est une vérité d'expérience universellement sentie, universellement admise.

Dans tous les âges, et parmi toutes les
nations, les loix et les institutions humaines
ont supposé et supposent encore l'homme
libre, lui présentent des motifs, l'excitent,
l'encouragent, le punissent, ou le récompensent comme tel. Et rien ne seroit plus
injuste que le mépris ou la considération
que tous portent à l'homme vertueux ou pervers, s'il étoit nécessité d'être ce qu'il est.
Tout homme sent, pense et agit de même
soit à son égard, soit envers ses semblables,

et dans son empire domestique il méprise ou estime, punit ou récompense les actions qu'il croit libres.

La liberté morale de l'homme l'associe en quelque sorte à la liberté divine de son auteur : cette faculté distinguée, qui le constitue roi de lui-même, le juge de ses motifs, le maître de ses actions, fait sa dignité au-dessus de tous les êtres qui n'en sont pas doués comme lui, elle lui donne la propriété d'un mérite acquis ; sa vertu, sa gloire sont à lui comme le fruit de son propre ouvrage, il s'en applaudit avec justice ainsi que de la rectitude de son jugement, du choix heureux des motifs de sa détermination, et de son courage à vaincre toutes les résistances, les séductions, et les difficultés qui s'y opposent dans lui et autour de lui.

Mais aussi cette belle faculté, mère de toutes ses vertus, est la source empoisonnée de toute sa perversité, et des malheurs qui l'accompagnent, lorsqu'elle n'est pas réglée par la raison.

Quand on réfléchit à tous les piéges que lui tendent des passions séduisantes, des occasions dangereuses, des conseils pervers, des foibles déguisés, des simulacres de vertus ;

aux assauts que lui livrent toutes nos autres facultés ; quand on pense qu'une lumière vacillante que le cœur trompe, que l'imagination égare, que la raison enfin est le frêle pivot qui soutient seul l'équilibre de cette liberté, le seul régulateur si lent de déterminations si vivement sollicitées, d'où dépendent tant de malheurs, la seulle résistance froide à tant de mouvemens enflammés et destructeurs ; on frémit, jusqu'à douter un instant de l'excellence de cette prérogative qui place tant d'êtres au-dessous de nous. On envieroit volontiers leur sort, si l'amour-propre, si cette raison même nous permettoient de descendre au rang des brutes ou des corps mornes qui entrent dans la construction matérielle de l'univers, et de renoncer au sentiment délicieux de la propriété de nos vertus et de nos talens acquis ; on rendroit volontiers à la nature ce don funeste, si on ne sentoit plus fortement encore la grandeur, la beauté d'une destinée qui nous fait partager, avec celui de qui nous la tenons, le plus brillant attribut de sa divinité, nous ouvrant la carrière pleine d'attraits, des perfections et des connoissances qui nous rapprochent de ce grand modèle ; d'une destinée enfin qui nous revêt, comme lui, du droit suprême de nous décider nous-mêmes de faire un choix vertueux, d'en mériter le prix et d'en goûter le fruit.

Mettons à côté de cette heureuse prérogative, le son d'une machine organisée de manière à sentir douloureusement tous les inconvéniens fâcheux d'un méchanisme ou manqué ou méchamment construit, sans jouir d'aucun des avantages de la liberté ; et bientôt nous rougirons d'avoir douté un instant de l'excellence de cette faculté noble, sur la nécessité aveugle à laquelle sont enchaînés les autres êtres de la création.

Mais plus cette faculté libre est sujette à l'erreur, plus elle est entourée de séductions qui provoquent notre malheur, plus aussi nous avons d'intérêt d'éclairer son choix de toute la lumière de notre raison, pour le diriger toujours aux desseins de la nature, à cet intérêt le mieux ordonné dans l'objet que les passions présentent, à sa délibération, comme une jouissance pressée, et non comme un dessein sage à remplir.

C'est ainsi que nous conformerons nos mœurs à l'usage que des créatures raisonnables doivent faire de leur liberté morale.

2°. La liberté de l'homme relativement à l'ordre social est ce droit imprescriptible avec lequel il est né, de n'être, dans la société où il vit, la propriété de qui que ce soit, de n'appartenir, en cette qualité, qu'à l'Auteur de la nature, et d'y jouir de l'usage de cette faculté réglée avec la liberté de ses semblables, de manière que l'une ne choque point l'autre, et, pour cela, de n'être soumis qu'à des loix protectrices qui le répriment, sans anéantir une seule de ses facultés constitutives.

D'abord, la nature, en produisant l'homme libre, ne l'a mis dans la dépendance *aveugle* d'aucune autre créature, elle a abandonné sa conduite à la direction de sa raison et des lieux de la société où il vit ; mais elle s'en est réservé, à elle seule, la propriété inaliénable.

En effet, quelle est la créature raisonnable qui pourroit se persuader tenir de la nature, ou d'une convention contre ses intentions, un titre de propriété sur un seul de ses semblables ? S'il en est qui les dominent ainsi, ou qui se soient vendus à une telle domination, ce ne peut être, d'un côté, que par l'abus de la force, et de l'autre, par la dégradation de l'être : deux exceptions monstrueuses et révoltantes , qui , loin d'établir un droit particulier et nouveau, confirment ce droit ancien de liberté , bien universellement reconnu , que l'homme tient de l'Auteur de la nature.

L'oppression , la force , les spéculations commerciales, les conventions de tiers à tiers, le vil métal monnoyé n'ont rien de comparatif au droit et au prix de la liberté humaine. Eh , de qui pourroit-on acquérir le droit de me vendre ? L'ai-je moi-même, contre les desseins de la nature , sur ma perfection , et les droits de la société , sur mes devoirs de réciprocité envers elle et ses membres ? Cessai-je un seul instant d'être une créature libre , et peut-on vendre une faculté naturelle ?

Dans l'ordre social , je n'ai donc point de propriétaires de ma personne , mais des guides de mon enfance, mais des supérieurs chargés , par les loix , de me protéger contre tout attentat à mes droits , comme de réprimer les atteintes que je porterois à la liberté de ceux qui , comme moi, sont sous la protection des loix.

Si, dans l'ordre naturel, je suis né avec une supériorité de force sur mes semblables, j'en dois le sacrifice à la force publique, dès

que j'entre en société avec eux. La supériorité de talens, de mérites acquis, ne me donne
des droits qu'à l'admiration , à l'estime , au
respect , à l'amour des hommes : aucun sur
leur liberté.

Malgré cela , je crois que , pour abolir justement une servitude établie par des loix ,
tout abusives qu'elles sont , le gouvernement
doit préalablement rendre les esclaves dignes
de la liberté dont ils ont perdu l'usage , et
dont ils abuseroient infailliblement ; secondement , il doit indemniser les acheteurs parce que cet abus est sur le compte de la législ-
lation qui a permis un tel commerce.

Je dis, en second lieu , que l'homme, pour
régler sa liberté sociale, doit considérer qu'en
entrant dans la société , il prend un nouvel
intérêt , préférable à cet intérêt individuel
qu'il y apporte, puisqu'il en est la garantie;
cet intérêt est celui de tous , parce qu'il ne
pourroit jouir , sans cette condition , des
avantages inappréciables de la société.

Il perd donc le droit d'y étaler , dans toute
son étendue, l'usage de cette liberté naturelle et personnelle, dont il eût pû jouir in-
nocemment dans l'état de nature isolé ou
sauvage ; tel est le pouvoir de la force , le

droit de se venger , la communauté de tout
ce qu'offre la nature , une volupté sans
lien , etc.

« *Plusieurs valent mieux qu'un* ». « *l'In-*
» *térêt public est la sauve-garde et la ga-*
» *rantie de l'intérêt personnel* ». « *Les*
» *droits réciproques doivent - être réglés et*
» *ménagés* ».

Ce sont-là des axiômes, ou des sentences
d'une vérité sentie.

Souvent l'intérêt de la multitude est en
contradiction avec notre intérêt personnel ;
par conséquent, l'usage de notre liberté sociale doit être réglé de manière qu'il ne
trouble pas impunément la liberté individuelle
de nos semblables , et l'ordre établi qui les
protége.

Mais, quand l'ordre établi , les droits et
l'intérêt social de chaque individu sont respectés, les loix ne peuvent , sans renverser
les desseins de la nature , et conséquemment,
sans une injustice tyrannique , anéantir la
liberté d'aucun membre de la société , toucher à aucun des droits qu'elles doivent lui
garantir ; tel est son droit de propriété sur
ses possessions légitimes , celui d'en disposer

légalement, celui d'user sans entraves des choses nécessaires à la vie, de vaquer librement au commerce social; enfin, l'usage modéré de toutes les facultés qu'il a reçues de la nature.

Car, le gouvernement n'étant qu'un être de convention, créé par les hommes, pour la garantie de leurs droits naturels, il ne tient d'eux que celui de protection repressive, et ne peut avoir de la nature un droit d'oppression et de spoliation sur ces créatures raisonnables, à la conservation et à la perfection desquelles elle a pourvu avec tant de sollicitude.

Ainsi, pour conformer ses mœurs à l'usage de cette liberté sociable, l'homme doit respecter celle de son semblable, et soumettre la sienne aux loix protectrices, et justement repressives de la société où il vit.

Par conséquent, il ne doit jamais chercher à subjuguer, à séduire, à avilir aucun être de son espèce; il doit aux loix justes, émanées d'une autorité légitime et éclairée, les sacrifices, non-seulement de cette fougue de liberté dont la nature l'a départi, mais même de certains usages de cette liberté, quoique innocens dans l'état de nature, lorsqu'ils

qu'ils impliqueroient contradiction dans l'intérêt général de la société.

Telles sont ces belles règles, universellement convenues, de pudeur et de modestie ;
ces opinions chères, sur l'honneur, l'honnêteté publique et le *décorum* de son état, qui
sont la sauve-garde des mœurs, et l'ornement des sociétés. Mais nous en traiterons
plus amplement ailleurs.

CHAPITRE VII.

QUATRIÈME RÈGLE DE MORALE.

L'accord de nos mœurs avec ce sentiment
physique et moral, qui forme dans les
organes et la conscience de l'homme, tout
le systême de sa sensibilité.

LORSQUE la raison, privée de l'appui de
l'expérience, n'a pu prévoir les inconvéniens fâcheux et immoraux d'une action
qu'elle a permise, elle en est bientôt avertie
par les impressions de cette double sensibilité
dont nous sommes doués ; l'une physique,
qui tient à l'organisation du corps ; l'autre

Tome I. M

moral, qui est à l'expression du sentiment intérieur que l'on nomme conscience.

Telle est premièrement la constitution organique de notre corps, que cette structure étonnante et sage est tissue de fibres nerveuses et irritables, qui sont comme autant de canaux où coulent, plus promptement que l'étincelle électrique, des esprits enflammés que nous nommons vitaux, sans doute, parce que nous ne pouvons les connoître que par leur action vitale ; au coup de la volonté, ces esprits partent du cerveau qui les extrait du sang, sans sa participation, et les régénère par une opération chimique si sublime, que la raison même qui leur commande ne la comprend pas.

Ces fibriles organiques répandues sur toutes les faces internes et externes du corps humain, les couvrent du velouté admirable de leurs papiles, qui, comme autant de petites houpes d'une sensibilité et d'une irritabilité exquise, portent jusqu'à l'ame tous les détails du mouvement qui les a mises en action, et l'avertissent aussi vîte que l'éclair de tout ce qui pourroit être nuisible au vaisseau, dont elles sont les cordages et dont elle est le pilote.

Quoique les jouissances dangereuses qu'offrent certaines passions, se présentent sous un aspect séduisant, en agitant molement ces papilles, leurs excès finissent toujours par laisser dans les organes de la sensibilité, qu'ils ont déchirés, des impressions douloureuses ou désagréables.

A la vérité, cette épreuve exige l'expérience et les fautes amères par lesquelles elle s'acquiert. Ce moyen est fâcheux, il est lent pour une raison neuve qui n'a pas encore fait son profit de l'expérience funeste des autres; mais la nature y a pourvu, en nous donnant le sentiment moral de la conscience beaucoup plus prévoyant que ce sentiment physique.

Conscience signifie science avec soi, la connoissance intime, le sentiment de ce que l'on fait ou de ce que l'on doit faire, de ce que l'on a fait ou de ce que l'on a dû faire.

C'est le point de contact du corps et de l'ame, où les mouvemens passent le plus promptement de l'une à l'autre.

Ce sentiment interne, quand il n'a pas été trompé par les principes hasardés et les impressions réitérées d'une éducation fausse; quand il n'a pas été endurci par la perversité et

plié sous le poids de la servitude, ce sens
moral a reçu de la nature tant de rectitude,
un tact si exquis, qu'il exprime à l'ame, avec
autant de vivacité que de justesse, ses aver-
tissemens, ses reproches ou ses applaudissemens sur le bon ou le mauvais choix qu'elle
met en délibération ou qu'elle a consommé.

C'est sur le diafragme, admirable tissu de
nerfs, que se passe cette action de l'ame sur
les corps et du corps sur l'ame ; c'est du moins
à cette région qu'on la sent, et où tous les
hommes portent la main, lorsqu'ils jurent sur
leur conscience.

Ceci est une vérité d'expérience, qui ne
tient pas du tout au système des idées innées ;
c'est le ressort physique du sentiment de sa
conservation et de sa perfection, que l'Auteur de la nature a intimé à la conscience de
l'homme ; c'est le tact infiniment prompt de
l'amour de soi pour juger si ces desseins, qui
tiennent à notre existence et à notre bonheur,
sont remplis.

Si la conscience a été trompée par les effets
d'une éducation contraire à ces desseins ; si
elle est imbue de faux principes ou prévenue
par des préjugés, elle est bientôt avertie de
ses erreurs par un sentiment pénible, par

des inconvéniens fâcheux ; ses erreurs se rectifient sur les principes de la raison écrite,
sur les profits de l'expérience, sur les suites
des sensations corporelles, autant de guides
incorruptibles !

Si la conscience s'est endurcie à force d'abus
et de crimes entassés sur ses reproches, et
réitérés, jusqu'à faire pencher l'équilibre de
sa liberté sous le poids de l'habitude, cet
endurcissement est la punition la plus juste
et la plus épouvantable de sa dépravation
libre et réfléchie.

Plus d'estime de soi-même, plus de satisfactions pures, plus de gloire ; ce sentiment
est éteint dans son cœur, dans son esprit,
dans l'idée même que ses semblables ont
conçue de lui.

O conscience ! solitude affreuse où l'ame
ne se rencontre qu'avec horreur, où elle
n'est accompagnée que de ses crimes, où elle
n'entend que la voix de ses torts, où elle n'a
de sentimens que ses remords, où elle n'é-
prouve chaque jour que des abus qui détruisent douloureusement, qui dégradent désagréablement un être créé pour son bonheur,
et qui a tout perdu, jusqu'au sentiment de
volupté des passions qui l'ont séduite ! O tri-

bunal redoutable que je porte avec moi, où siége mon juge, où je sens mon bourreau et mon supplice, que j'ai d'intérêt à te consulter !

Ainsi, si nous étouffons la voix de notre conscience, si nous détruisons nos organes par des excès, le fruit infaillible de cette conduite imprudente sera donc l'abrutissement d'un être dont la raison s'est éteinte dans la matière à force d'en abuser, sera la destruction des ressorts de la vie, la perte de la santé, l'anéantissement prématuré de tous nos sens, même des passions qui nous ont corrompus; la dépravation du goût physique et moral, le réfroidissement du cœur, son propre mépris et l'indignation de la société : où est l'homme dans cet état épouvantable ?

La morale de la nature peut-elle tenir à une autorité plus sévère ? Quelle punition ! quelle justice dans la dispensation graduelle des peines qu'elle a attachées à nos abus !

Et ne croyez pas qu'elle anéantît totalement ce juste sentiment de peine dans l'abruti ! Il lui reste toujours quelques jets effrayans d'une lumière mourante et importune qui luit sur ce funeste état, quelques résidus de sensations qui lui font sentir sa crapule ; c'est l'enfer présent et palpable qui tourmente l'athée comme l'homme religieux.

Mais dût-il demeurer dans ce cloaque bourbeux sans aucun sentiment , quelle est la raison assez aveugle sur ses propres intérêts qui permettra à l'homme de descendre jusques-là , de se dégrader à cet excès pour des jouissances qui se dévorent elles-mêmes avec lui ?

· Non , non , elle nous conseillera toujours de régler notre conduite sur le sentiment , c'est-à-dire , de n'agir jamais contre les impressions sages de cette double sensibilité physique et morale , dont nous avons été si soigneusement pourvus pour les grands intérêts de notre être; ce qui nous conduira à un règne modéré et doux sur nos passions.

Toute la dignité de l'homme consiste à régner sur lui-même , à régler , à modérer ses passions aveugles ; à ne pas permettre qu'une seule passe le but que s'est proposé la nature , qu'une seule choque les loix qu'elle a dictées aux sociétés humaines : toute sa félicité , son contentement , sa gloire sont attachés à ce beau règne. Qu'est-ce que l'homme jouet de ses passions ? Une matière organisée qui fermente et tend à sa dissolution.

Mais comment connoîtrons-nous par cette règle si nous sommes modérés, selon les desseins de l'Auteur de la nature, dans l'usage de nos passions ?

Nous le connoîtrons, lorsque nos jouissances seront, non-seulement accompagnées, mais suivies d'un calme heureux. Par exemple :

Si ma conscience tranquille ne me produit aucun sentiment de crainte sur cette action ; si elle ne m'annonce ou ne me reproche aucun abus ; si elle ne prévoit aucune dégradation ; si elle ne me fait pressentir aucun avilissement dans l'objet de mes desirs ; si mes sens ne répugnent point contre mon entreprise, ne me rendent aucune impression désagréable ou douloureuse avant ou après ; si je suis aussi calme que si je n'avois pas éprouvé ce desir ; si l'harmonie n'est détruite ni avec moi-même, ni avec mes semblables, cette action ainsi réglée par le sentiment du corps et de la conscience sera moralement bonne ou au moins innocente.

Ainsi, point de scrupules, quand les desseins de l'Auteur de la nature n'ont point été méprisés, quand la raison n'a pas eu le temps de délibérer, quand la volonté n'a point eu de perversité, ou qu'elle a été prévenue par une bourasque de mouvemens déréglés qui n'a point été provoquée : alors c'est un choc qui demeure sur le compte de la nature, qui tient aux loix des corps ; un inconvénient dont l'homme délicat peut s'affliger, mais qu'il peut réparer, et pour lequel il ne doit jamais se mésestimer, encore moins se décourager.

Voilà pour les actions indifférentes, c'est-à-dire, qui ne sont pas morales, parce qu'elles n'ont été ni délibérées ni voulues ; et pour les actions innocentes délibérées, c'est-à-dire, moralement bonnes, et qui n'ont blessé aucune règle de morale.

Mais, pour les actions vertueuses qui, par les difficultés et les combats qu'elles présentent, exigent de la force, du courage et des sacrifices, elles commandent une sagesse de délibération, une délicatesse de sentimens, une pureté de vues, une noblesse d'enthousiasme qui approchent l'homme du dernier degré de sa perfection.

Ces actions courageuses, qui coûtent d'abord à la sensibilité corporelle, sont vivement sollicitées par la sensibilité morale. Un sentiment d'admiration les demande à l'esprit, celui d'estime au cœur, l'amour-propre à l'ame, un sentiment plus délicieux à la conscience.

Mais c'est après la victoire que tout le sentiment physique et moral se réunit pour couronner l'homme vertueux. La sensibilité morale répare bien vîte, rend même doux ce qu'il en a coûté à la sensibilité physique ou corporelle ; la douleur, s'il lui en reste, devient le témoignage de sa gloire, et le sens délicieux de son mérite. Il trouve dans son action même le prix quintuplé de tout ce qu'elle lui a coûté ; il n'est pas chez lui une fibre, un sentiment qui ne le remue agréablement, pour l'indemniser des sacrifices que lui a fait faire sa générosité, sa délicatesse ou son courage pour devenir vertueux.

Voilà les appas, voilà les fruits de la vertu présentés aux hommes de toute secte, de toute opinion, par la nature elle-même dans leur propre constitution ; c'est-là qu'elle paie avec profusion pour les malheureux, qu'elle se cautionne pour les ingrats, qu'elle nous récompense nous-mêmes pour des vertus qui ne profitent qu'à nous.

Et tandis qu'au moment du combat et après la victoire elle verse sur tous les hommes, sur l'athée même un torrent de délices et de contentemens intérieurs, elle promet à l'homme religieux l'immortalité, tant de son action que du mérite qu'elle lui a acquis et du prix que sa bonté y attache.

Où trouver une morale plus active avec des moyens plus puissans ? O homme ! fils ingrat de la nature ! que manquoit-il donc à la constitution physique et morale qu'elle t'a faite pour en imaginer d'autres, et sacrifier celle-là aux préjugés, aux systêmes que des frippons et des intrigans te présentent pour t'asservir ?

CHAPITRE VIII.

Cinquième règle de Morale.

L'accord de nos mœurs avec la sociabilité.

Accorder nos mœurs avec la sociabilité dont la nature nous a doués, c'est les conformer aux desseins sensibles qu'elle s'est proposé en nous créant sociables.

Or, nous sentons qu'elle nous appelle en société avec nos semblables, premièrement par le desir et l'intérêt d'y trouver le bonheur plus étendu ;

Secondement, par la noble ambition qu'un amour-propre bien réglé nous inspire de sa part, de mériter leur estime et de forcer leurs applaudissemens ;

Troisièmement enfin, par le besoin de secours qu'elle a laissé à notre foiblesse, de confiance à notre esprit incertain, et d'attachement à notre cœur aimant.

Ainsi, notre bonheur à étendre, à communiquer, de la gloire, des vertus à acquérir, des doutes à éclairer, des sentimens à perfectionner, de la protection, de la confiance, de l'indulgence et de l'attachement à mériter ; voilà l'objet du calcul de notre intérêt social ; voilà les rènes tissues d'or par lesquelles la belle nature amène les hommes en société ; voilà les desseins que son auteur s'est proposé en nous créant sociables. Sublime destinée !

Examinons donc à part chacun de ces desseins intéressans pour y conformer notre conduite sociale.

1°. Puisque le premier dessein de l'Auteur de la nature, en nous créant sociables, est de nous faire trouver parmi nos semblables une

plus grande étendue de ce bonheur pour lequel il nous enflamme, et qui seroit dépouillé
de ce qu'il a de plus délicat et de plus moral,
s'il étoit réduit à nous seuls ; la raison nous
dit de ne chercher ce surcroît de félicité que
dans l'ordre public et dans des jouissances
réglées et réciproques avec nos co-associés,
parce qu'il est de toute vérité, de toute expérience, que nous ne le trouverons que là.

Notre bonheur social tient tellement à l'ordre public, que celui-ci en est la seule garantie ; que l'égoïste, ou l'audacieux qui ose
en détruire l'harmonie, est toujours victime
du désordre qu'il y a causé, soit que ce désordre même presse sur lui, soit que celui
qui veut jouir seul dans une société, ou aux
dépens des autres, les irrite, et provoque une
cruelle, mais juste réciprocité.

2°. Puisque le second dessein de l'Auteur
de la nature, en nous appellant en société,
est de nous faire rechercher dans nos actions
l'estime et les applaudissemens de nos semblables ; nous ne pouvons les obtenir qu'en
nous rendant recommandables envers eux par
des sentimens, des talens, des actions vraiment utiles à la société, parce que ce sont les
seules que les vrais sages admirent, les seules

auxquelles ils ont attachés leur estime et leurs suffrages, les seules qui puissent nous les concilier.

Ainsi, si vous desirez une réputation, une gloire inaltérable, ne la cherchez jamais que dans les actions les plus utiles à la société, parce que ce sont celles qui intéressent le plus les hommes qui la composent, et qui par la même raison sont les plus honorables aux yeux du petit nombre de justes appréciateurs, et les plus conformes aux vues de la nature sur la perfection des sociétés humaines.

L'éclat de toute autre action, fruit éphémère d'une fausse appréciation, ou d'un étonnement irréfléchi, mauvais calcul d'un intérêt trop personnel, passe comme l'ombre.

Agissez, pensez, écrivez d'après ce principe social *être utile*, et vous irez à la vraie gloire, parce que les hommes, réunis ou isolés, ont tous, comme vous, pour principe de détermination et d'appréciation *l'intérêt*. Mais adressez-vous aux sages pour connoître ce qui est vraiment utile.

3°. Puisque le troisième dessein que l'Auteur de la nature nous manifeste en nous appellant en société, est sensiblement le besoin qu'il nous a laissé de secours, de protection, de confiance et d'attachement; nous devons nous persuader que nous ne trouverons ces avantages dans la société de nos semblables, que par des avances et de la réciprocité.

Examinons donc, non dans notre intérêt personnel, mais dans celui de la société, quelles sont les avances, quels sont les devoirs réciproques de ses membres les uns à l'égard des autres ; des particuliers envers la chose publique, et de la chose publique à l'égard des particuliers.

1°. Les avances et les devoirs de la réciprocité entre les membres d'une même société et calculés dans l'intérêt de cette société, ne peuvent consister que dans la pratique des vertus sociales qui contribuent le plus efficacement à la *félicité*, à la *paix* et à l'*ornement* de cette société.

D'abord, les vertus qui font la *félicité* de la société, sont toutes celles qui découlent de l'amour et de la bienfaisance, comme de la source active du bonheur que l'on veut toujours à ce que l'on aime.

Aimer et être aimé, voilà l'heureux besoin que la nature a fait à tout homme qui a un bon cœur; voilà le fond sentimental où l'être social puise avec son bonheur le desir de l'étendre, de le partager; voilà où il prend les avances intéressées qu'il paie à ses semblables.

Il est né fruit d'amour, et la nature qui unit et propage ses êtres par ce sentiment de feu, en a laissé la douce chaleur dans son cœur pour l'obliger d'aimer, et lui faire un besoin vertueux d'être aimé comme son intérêt le plus délicat et le mieux apprécié.

C'est de cette source pure que découlent toutes les vertus qui honorent et consolent la nature humaine, en l'élevant vers le modèle incréé de toute bonté, dont la nature est amour, qui a tout produit par ce sentiment.

Ainsi, la bienfaisance qui nous porte à obliger, la générosité qui nous fait pardonner les plus grands torts, secourir les plus ingrats et combler les moins méritans de nos semblables; la bonté qui nous montre encore des frères au dernier rang des hommes; l'affabilité qui leur ouvre un accès facile et gracieux près de nous; l'amitié qui nous unit chèrement à de seconds nous-mêmes; le cri et le devoir du sang qui ressèrent encore tous

ces

ces beaux nœuds ; l'humanité qui embrasse de son tendre intérêt tous les hommes de la terre, de quelque couleur, de quelque religion, de quelque caste qu'ils soient : voilà les fruits pleins de douceurs que produit cet amour pour les délices de la société humaine.

Mais, pour que ce sentiment délicieux soit en harmonie dans la société, il faut que l'amour conjugal, l'amour paternel, la piété filiale, l'amitié, l'humanité même soient éclairés par la raison, et conduits sous l'auspice des loix aux desseins de la nature.

Ainsi, l'époux à qui la nature a départi la force et les lumières, doit à sa foible compagne, à la mère de ses enfans, non-seulement la fidélité qu'il lui a jurée et qui importe si fort à l'ordre social ; mais il doit l'aimer comme second lui-même, l'éclairer de sa raison, la soutenir de ses forces, la faire vivre de ses talens, la traiter en égale, respecter et défendre ses droits, lui faire enfin le bonheur qu'il veut qu'elle lui rende.

L'épouse, qui a été douée éminemment par la nature d'un sentiment de pudeur, beau jusqu'à la sévérité, d'une sensibilité tendre, flexible, inépuisable en complaisances, doit à son mari une fidélité sévère, une irréprochabilité de conduite qui lui conserve son cœur et sur-tout son estime ; elle lui doit tous les procédés de cette tendresse, de cette flexibilité dont elle est susceptible : « attentions, » complaisances, douceur, conseils, adresse, » larmes, économie, graces et décence ; quelle » richesse de moyens » ! Elle lui doit tous ces sacrifices, non-seulement parce que la nature l'en a rendue capable, mais parce qu'elle y a le plus grand intérêt ; car, *dans toute société inégale, la foiblesse n'a que des vertus, des sacrifices à opposer à la force pour la dompter, lorsque la raison ne l'a pas fait, ou il fait renoncer au bonheur.* C'est un principe de l'état du mariage.

Les parens, pour mener leurs enfans au bonheur par les mains de l'amour, doivent selon les desseins de la nature veiller tendrement à leur *conservation* et les conduire sagement à leur *perfection* ; et pour cela, leur former de bonheur un corps robuste et sobre, un cœur pur et droit, une raison juste sans préjugés, régler leur amour-propre sur les intérêts de la société, et leur faire un sort d'accord avec leur goût, leurs talens et leur fortune.

Les enfans doivent aimer leurs parens,

comme fruits et objets de leur tendre amour,
les respecter comme les coopérateurs et les
représentans de la divinité dans la formation
de leur être, leur obéir comme formateurs
de leurs mœurs sous la direction de l'expérience qu'ils ont acquise ; enfin, les secourir
comme ayant été les uniques soutiens de leur
foible et stupide enfance.

Les amis, en s'aimant dans les desseins de
la nature, doivent s'aider par des secours et
des conseils, à éviter les malheurs qui affligent la nature humaine, et sur-tout les vices
qui la dégradent ; et se porter réciproquement
aux vertus, à la vraie félicité qui l'honorent
et la consolent.

Enfin, l'humanité doit être éclairée par la
raison, pour diriger ses bontés sur les vrais
besoins, sur un vrai mérite, sans quoi elle
feroit des dupes et nuiroit à la société, au
point de fomenter des vices et d'engager à
feindre des vertus.

2°. Les vertus qui contribuent le plus à la
paix sociale, sont celles qui y répandent le
calme et la sûreté, telles que la justice, la
probité, la douceur et l'indulgence que se
doivent des créatures également foibles et
sensibles.

La justice, ce respect des propriétés, des jouissances de ses semblables ; cette balance égale des droits de chacun, cette vertu de sûreté est sans contredit la base la plus solide de la sécurité sociale , comme elle est l'intérêt le plus sensible de l'individu foible qui entre en société pour se faire garantir les mêmes droits.

La probité, ce goût habituel de la justice , ce titre exclusif à l'estime de nous-mêmes et de nos semblables, est la seule qualité personnelle qui puisse donner à compter sur soi, la seule qui marque un caractère social sûr et inviolable.

C'est aussi la seule qui soit purement relative ; car l'homme isolé de la nature, n'ayant point de relation, n'a point de probité. C'est pour cela qu'il reste dans le cœur humain avec l'âpreté de cette sève sauvage , tant de tentations basses contre cette belle vertu , qui est par excellence une vertu purement sociale , mais qui est aussi, à notre entrée en société, le premier résultat du calcul de notre intérêt combiné par la raison et non par l'égoïsme.

La douceur, cette qualité aimable qui prévient, embellit, touche, attire, entraîne et

subjugue, est un besoin, un devoir récipro-
que de la sensibilité, un des moyens le plus
intéressant et le plus puissant pour l'amour-
propre, de parvenir à son but, c'est-à-dire,
de *régner*, mais par l'amour et par l'estime.

L'indulgence, cette vertu constitutionnelle
de l'homme, qui l'oblige de tolérer dans son
semblable les défauts qui viennent de sa constitution faillible et passionnée, est une de
ses qualités qui produit le plus de calme dans
la société. Elle ne permet à une créature raisonnable et imparfaite, de mépriser, de que-
reller dans ses semblables, que les fautes volontaires qu'elle ne peut se dispenser de considérer comme les fruits dégoûtans d'une
froide et méprisable réflexion, d'une détermination motivée et perverse; encore ne doit-
elle pas désespérer d'un retour au bien, de la
part d'un être toujours perfectible de sa
nature.

Les vertus qui contribuent le plus à l'*ornement* de la société, sont 1°. ces vertus de
convention que l'on nomme honnêteté publique et décence; 2°. ces vertus d'une haute
opinion et d'un éclat pur qui réjaillit sur l'intérêt et la chose publique, qui décorent en
même-tems le héros et sa patrie, en raison

des sacrifices héroïques qu'il lui fait, telles que l'amour de la vraie gloire, et celui, mais bien réel, de la patrie.

L'honnêteté publique est un devoir de convention, toujours censé stipulé entre la société et l'individu libre et passionné qui y entre. Ce devoir l'oblige de ménager tout ce qui tient à l'ordre et aux mœurs publiques dans la société où il vit, fussent même des préjugés ou de simples usages qui tiennent à des établissemens ou à des opinions anciennes. Il peut les éclairer, s'il a des lumières et si la société le lui permet, ou les fuir, s'il les trouve intolérables : jamais il ne peut les brusquer. Autant doit-il ménager le *decorum*, même factice, de son état, ainsi que l'honneur, l'esprit et les devoirs qui y sont attachés, parce que tout cela importe à l'intérêt et à la tranquillité de la société qui l'a reçu et le protège à ces conditions.

La décence, autre devoir de convention, est la sauve-garde des mœurs publiques, ou au moins l'hommage extérieur que la société, d'accord avec la nature, veut que l'on rende à leur pureté ; c'est le fard qui couvre les rides désagréables d'une société vieillie ou corrompue qui se dissout, la rend encore aimable

ou au moins supportable, malgré ses défauts ;
car cette qualité demande encore l'extérieur
de la vertu, dans ceux mêmes qui auroient
eu le malheur d'en perdre la réalité : elle
exige qu'on jette un voile de délicatesse sur
les abus cachés qui révolteroient ou scanda-
liseroient.

L'amour de la patrie est un sentiment naturel et réfléchi, que la nature inspire à l'homme
pour l'attacher au pays qui l'a vu naître, par
le doux souvenir des jours heureux de son
enfance, par les chaînes de l'habitude, les
liens du sang et de l'amitié, les belles illusions
de l'amour ; pour l'attacher à la société dont
il est membre, au gouvernement qui protège
sa foiblesse, récompense son courage, lui garantit ses droits ; aux loix, à la religion que
ses pères ont adoptées, sous l'auspice desquelles il a été élevé.

Point de doute qu'un homme dont le cœur
brûle vraiment de ce beau feu, de cette belle
passion, qui a mérité le nom de vertu, ne
desire efficacement le repos, la félicité et la
gloire de sa patrie, puisqu'il en partage le
bonheur ; point de doute qu'il ne se fera un
honneur, un devoir bien flatteur d'y con-

tribuer de tout son pouvoir par ses talens,
ses vertus, sa fortune.

On voit que cet amour n'a point de masque;
c'est un sentiment, un intérêt qui se prouvent
par des faits. Mais, comme tout amour est ré-
ciproque, il faut que le gouvernement, qui
peut tirer de ce sentiment le plus heureux
parti, sache le mériter et le faire naître, en
aimant lui même les hommes, et en rendant
la société aimable et le pays agréable et
abondant.

L'amour de la gloire est le stimulant de l'a-
mour-propre, qui, dirigé par la raison, nous
porte à rechercher, par de justes moyens et
par des actions utiles à la patrie, les suffrages
de nos contemporains, l'immortalité dans la
mémoire des hommes et dans l'estime publique, la satisfaction pure de contribuer au
bonheur et à l'ornement de son pays.

Cette vertu, principe de tant d'autres, est
l'ame, le véhicule des grandes choses, et en
même tems la sauve-garde de la société, sa
garantie dans le cœur humain contre les entreprises effrénées de l'amour - propre, le
contre-poids de la cupidité qui y fermente.

Car, les méchans mêmes se couvrent des

apparences de cette vertu brillante ; ils veulent en avoir les honneurs, et, à quelque degré de dépravation qu'ils soient parvenus, toujours ils cherchent à en imposer sur les motifs de leurs actions ; ils sauvent autant qu'ils peuvent les apparences, et par-là ils mettent des bornes à leur perversité qui n'en auroit pas, sans cette loi toujours pressante de la nature, qui nous porte à faire cas de l'estime publique, à nous faire une réputation et à la soutenir.

2°. Enfin, nous ne jetterons ici qu'un coup-d'œil, mais juste, sur les devoirs réciproques de la chose commune envers les membres de la société, et de ceux-ci envers le gouvernement, parce que nous serons forcés d'en traiter plus en grand dans la seconde partie de cet ouvrage, lorsque nous remontrons à la source morale des principes d'une saine politique ; car c'est ici, c'est à cette faculté de l'homme sociable, que la politique s'embranche au tronc pur de la morale universelle de la nature.

En attendant, nous ne pouvons nous dispenser de poser avec elle les bases du contrat social, en donnant cette règle de morale sur la sociabilité humaine.

L'Auteur de la nature exige sans doute que les hommes soient gouvernés par un ordre public, puisqu'il les appelle en société par des besoins, et qu'il les a créés trop foibles et trop passionnés pour s'y maintenir sans cet ordre public qui, seul, peut dicter et exiger les justes sacrifices que l'amour-propre, trop égoïste, refuseroit de faire au bien public.

Mais, en menant lui-même ses créatures raisonnables et perfectibles en société, il ne prétend certainement pas les mener en servitude ; lui seul en est le maître et le propriétaire ; toujours elles lui appartiendront, à titre de création et de conservation, le plus propre, le plus immédiat et le plus inaliénable de tous les titres.

Puisque lui seul a sur les hommes ce droit de propriété suprême, les souverains de la terre ne sont donc que ses mandataires ; il a donc aussi le droit de dicter le contrat social et d'y stipuler pour les hommes entre le gouvernement et ses membres ; car, quels droits auroient des hommes sur d'autres hommes, si la nature, ou son Auteur, ne les stipuloit.

Cela posé, d'après ses grands desseins de conservation et de perfection sur chaque individu et sur l'espèce entière, je dis que l'Au-

teur de la nature ne peut avoir cédé au gouvernement qu'un droit éclairé de protection
répressive sur ses créatures raisonnables, libres et perfectibles; il ne peut avoir imposé
aux membres qu'une soumission aussi éclairée à l'ordre qui les protège, et les sacrifices
proportionnels que le maintien de cet ordre
exige.

Voulez-vous entendre parler la nature elle-
même par vos organes, et vous exprimer ses
intentions sur cette importante institution sociale? Demandez-vous à vous-même pourquoi il vous paroît nécessaire que l'homme se
range sous les lois d'une force publique !

Vous entendrez la raison et l'intérêt vous
répondre, que « c'est pour se faire garantir des
» droits que, seul, il n'eût pu soutenir con-
» tre tous ».

La base unique du contrat social, à l'égard
du gouvernement, est donc la protection de
ces droits, avec la force de les garantir à
chacun contre les entreprises injustes de tout
usurpateur.

Voilà le pouvoir que la nature et les membres de la société ont constitué au gouvernement. S'il s'en écarte pour toucher lui-même
aux droits qu'il garantit, il est injuste, il se

détruit lui-même , et sa ruine fermente dans le cœur humain avec l'intérêt qu'il a laissé.

Enfin, c'est une vérité sentie, que le gouvernement, qui n'est qu'un être de convention, établi pour le bonheur commun, est fait pour l'homme qui est un être de la nature susceptible de ce bonheur, et qu'il n'appartient au gouvernement que par la juste soumission qu'il doit à ses loix protectrices.

Voyons en quoi consiste ce droit éclairé de protection répressive que l'Auteur de la nature a cédé au gouvernement sur ses créatures raisonnables.

Il consiste dans la garantie de leurs droits les uns envers les autres ; et ces droits ne sont autre chose que l'usage réglé de toutes les facultés avec lesquelles ils ont été créés, et qui forment leur constitution physique et morale.

Ainsi le gouvernement a le droit de régler la liberté de l'homme pour son bonheur et sa sûreté personnelle , combinés avec le bonheur et la sûreté de tous , et de le réprimer de manière à n'anéantir aucune de ses facultés naturelles, à moins qu'il n'en ait abusé au point d'anéantir celles de ses semblables. En ce cas seulement, la perte de sa propriété, de sa liberté , de sa vie même , en proportion de celle qu'il a occasionnée , seroit juste.

Il a le droit d'exiger de lui des sacrifices proportionnés à ses moyens , à ses facultés et aux besoins vrais de l'État : tout autre seroit unte yrannie.

De-là , la probité , la droiture , la morale nécessaires au gouvernement, tant envers ses membres qu'envers les nations avec lesquelles il traite de leur plus cher intérêt.

Enfin , la soumission éclairée que l'Auteur de la nature impose aux membres envers le gouvernement qui protège l'exercice de leurs droits, réprime leurs excès , consiste sensiblement dans l'étroite obligation d'obéir aux loix protectrices et de se soumettre aux loix justement répressives , qui assurent leur état social ; de sacrifier au bonheur public qui se partage à tous, 1°. l'excès de cette liberté naturelle ; 2°. une portion du produit de ces propriétés ; 3°. l'emploi de ces facultés , de ces talens dont le gouvernement leur garantit l'usage réglé , et de doubler ces sacrifices en raison des crises publiques qui les exigent , et cela sous la peine répressive d'être privés avec justice , en tout ou en partie , de ce que les lois leur assurent , liberté , propriétés , état , vie même ; mais en proportion rigoureuse de leur rebellion légalement constatée et légalement punie.

Ce qui est d'autant plus juste, que l'homme ayant la liberté de choisir sur la terre qu'il habite le gouvernement qui lui répugne le moins (car tous ont les inconvéniens de la faillibilité humaine), il pourra fuir un pays dont il trouve les loix trop dures ; mais il ne peut les enfreindre, encore moins se permettre une sédition incendiaire qui trouble la société où il a été reçu, défendu et protégé.

Les gouvernemens se refont par leurs propres abus ; s'ils les rectifient eux-mêmes, ils se sauvent avec la chose publique ; et s'ils ne les rectifient pas, l'intérêt public les écrase pour les refaire.

Mais ce n'est pas à l'intérêt particulier d'un égoïste que la nature a confié le droit d'exciter ces tempêtes qui sacrifient des générations entières pour sauver les races futures. Laissez agir la nature au moral comme au physique.

CHAPITRE IX.

SIXIÈME RÈGLE DE MORALE.

L'accord de nos Mœurs, avec la perfectibilité de notre Nature.

L'HOMME trouve dans ses réflexions sur la perfection, l'idée du beau moral, c'est-à-dire, de cette belle harmonie que produiroient dans le monde moral des actions en rapport le plus parfait avec toutes les loix, soit de la nature, soit de la société, soit de sa propre constitution organique et morale ;

L'idée du beau métaphisique, c'est-à-dire, le *Taucalon*, le modèle, le principe, le complément de tous les genres de beauté, dont il rencontre des émanations partielles dans les choses créées, et dans les opérations intellectuelles de son ame ;

L'idée du beau scientifique, c'est-à-dire, de la vérité spéculative la plus digne de ses recherches, la plus parfaitement consonnante avec elle-même, d'accord avec toutes les certitudes et les connoissances dont nous sommes capables.

Il a reçu éminemment de la nature, la faculté ou le pouvoir de monter à quelques degrés de ces différentes perfections idéales ; puisqu'on le voit tous les jours s'élancer par ses sentimens, ses actions, ses recherches, ses talens, au-dessus de toute autre créature, vers ce beau principe que la nature peint elle-même dans ses conceptions, lorsqu'il veut les étendre.

Il est invité, éguillonné, pressé par elle de tendre de tout son pouvoir à cette belle fin, puisque son cœur sensible, désireux, inquiet, l'emporte à la recherche de ce qu'il conçoit de mieux, son goût vers l'objet qui lui présente le plus de ces perfections réunies dont il rencontre des traits épars dans lui-même et dans l'univers ; puisque tantôt sa raison judicieuse le conduit dans la profondeur des sciences pour l'assurer de leur exactitude ; tantôt son esprit de feu l'enlève jusqu'au foyer de la vérité incréée, pour éclairer les doutes piquans qu'elle lui a laissés ; puisqu'enfin son amour-propre éclairé par la raison, le porte à la recherche, à la pratique de tout ce qui peut le flatter le plus, de tout ce qui

qui peut lui être le plus utile, et le plus glorieux aux yeux de ses semblables.

Si ce n'est pas-là une loi naturelle et instante de travailler à la perfection dont il a l'idée, dont il est capable, que seroit-ce donc? une illusion, un mensonge, une méchanceté, une contradiction de la nature! On sait que cela ne se peut.

Nous ne traiterons pas ici des deux derniers genres de beauté qui se peignent à l'esprit humain; cette recherche est exclusivement du ressort de la philosophie qui fera le sujet de la troisième partie de cet ouvrage; mais nous aimons à indiquer que c'est d'ici, de ce point de la perfectibilité humaine, que s'élance cette heureuse philosophie comme la tige principale de l'arbre moral, le rameau qui le couronne, et perfectionne son attitude, sa forme et ses fruits.

Nous ne pouvons traiter dans cette règle de conduite que du beau moral plusrapproché du grand nombre, qui intéresse autant que le très-petit nombre de vrais philosophes qui embrassent une plus grande étendue de perfection.

Quelles sont donc les pensées, les sentimens, les actions qui peuvent porter l'homme à sa perfection dans les vues sages de la nature, et dans le calcul éclairé de son intérêt ?

Sans doute, toute pensée, tout sentiment, toute action qui tend à établir ou à conserver une douce et belle harmonie entre ses mœurs et les loix de la nature et de la société où il vit.

Or, pour que cette moralité harmonique l'approche le plus près du dernier terme compréhensible de sa perfection, elle doit être la plus utile à la société, et la plus honorable à son auteur.

Il connoîtra ce degré d'utilité et d'honneur, par les degrés qui l'élèveront à une perfection calculée, tant d'après les difficultés vaincues, que d'après la satisfaction de son propre cœur, et l'appréciation des vrais sages qui règlent toujours l'opinion.

Voilà, sans doute, les plus pures intentions de l'Auteur de la nature ; mais pour l'homme, l'intérêt le plus cher, est sans doute aussi sa propre estime, et le respect des vrais sages, que ses actions lui concilient.

Tout sentiment, toute pensée, toute action qui secondent les grandes vues de l'Au-

teur de la nature sur l'homme en société,
tendent certainement à la perfection humaine.

Ceci est d'expérience ; car, l'homme qui
modère ses passions, qui respecte l'ordre
public, qui tâche de mériter l'estime de ses
semblables, et de se conserver la sienne,
marche avec certitude à sa perfection, c'est
une démonstration à la portée de tous.

Tous ces actes se nomment vertus (qui
veut dire force), lorsqu'ils sont entourés de
difficultés, et qu'ils coûtent des sacrifices ;
parce qu'il faut de la force et du courage
pour vaincre ces difficultés, et consommer
ces beaux sacrifices.

Ces actes de courage sont infiniment
honorables à l'être vertueux, parce qu'ils
le décorent aux yeux appréciateurs des plus
judicieux de ses semblables, et qu'ils dépo-
sent dans son cœur le sentiment vraiment
grand de sa force, et le titre flatteur de la
dignité morale où il est monté.

Mais, pour qu'un tel acte soit considéré
comme vraiment honorable et vraiment utile,
il faut que la raison l'indique comme le
meilleur choix, que le cœur en soit flatté
comme du titre le plus juste à son estime,

et sur-tout que le petit nombre de juges éclairés de la société l'apprécient autant de la plus haute valeur, et lui décernent pour prix des sacrifices qu'il a coutés, ou de simples éloges, ou de la célébrité, ou enfin l'immortalité, en raison de l'utilité et des difficultés de cette action.

Le grand nombre souvent applaudit à ce qui n'est grand qu'aux yeux trop égoïstes de l'amour-propre, et non au calcul plus vrai des intérêts d'une société réglée; telle est la force qui subjugue en écrasant l'art de régner, en trompant, en opprimant.

Malgré ces applaudissemens éphémères du vulgaire étonné, il sera toujours d'une éternelle vérité, que, les desseins de la nature sur l'homme en société étant contrariés, l'action qui les renverse est sortie de l'harmonie qui fait perfection dans les choses humaines, et tôt ou tard des malheurs sortent aussi de ces inconvéniens.

Sans doute il faut beaucoup de courage pour s'élever à ce degré de mérite dans ses actions! mais l'homme, quoique d'une constitution foible et sensible à l'excès, a reçu de la nature la force d'élever son ame au-dessus de toutes les difficultés qui frappent sur cette sensibilité, de manière que, dès qu'il envisage la gloire, les sacrifices, les obstacles n'ont rien d'effrayant pour sa foiblesse, il y va sans que rien puisse l'en détourner.

Oui, le courage divinise, pour ainsi dire, la nature humaine; aussi dès la plus haute antiquité, ceux qui en ont donnés des marques importantes, ont été placés au rang des demi-dieux.

En effet, des créatures paîtries d'amour pour elles-mêmes, qui sacrifient l'intérêt sensible de leur fortune, de leur famille, de leur vie même, à l'intérêt plus éloigné, mais aussi plus sensible comme mieux calculé de la patrie, de l'honneur, de l'estime ou simplement de la satisfaction pure de faire le bien sans autre intérêt; ces créatures courageuses qui ont vaincu leur propre nature, s'approchent bien près d'une nature supérieure.

La dignité de l'homme peut-elle monter plus haut! Le voilà pourtant dans sa destinée, il est le maître d'y atteindre. N'est-il pas consolant et infiniment honorable, d'avoir été placé par l'intelligence-principe dans cette classe estimable de ses êtres perfectibles?

Aussi, si rien n'est plus grand que l'élan vertueux qui nous porte à cette sublime perfection, rien n'est plus foible, rien n'est plus méprisable que la lâcheté de s'en laisser détourner par des passions basses et erronnées, et d'admettre leur faux calcul à la place de celui de la raison.

Ainsi, l'orgueil, qui n'est que l'excès monstrueux de l'amour de soi, et qui par conséquent ne calcule que pour soi contre les intérêts de tous, calcule mal dans la recherche de la gloire ; aussi la somme de son calcul est bien loin du résultat qu'il en attend ; telle est entr'autre son erreur sur le faste, qui n'est que l'orgueil des manières, et le sot étalage des richesses ; sur la forfanterie, qui n'est que le masque de la bravoure posé sur la suffisance ; c'est pour lui une source de ridicule et de mortifications.

Ainsi les préjugés, qui lui font admettre sans examen ce qui a été établi de même, lui montrent une fausse gloire et lui font manquer la véritable.

Ainsi l'égoïsme, qui ne peut être que l'inspiration d'une nature sauvage dont nous conservons toujours quelque chose, lui montre cette gloire dans l'éclat de sa force qui écrase

et subjugue , comme le premier des dons :
c'est bien le mérite de l'homme brute et
isolé ; mais en société , ce don funeste au
grand nombre , doit être subordonné à la
force publique qui le réprime ; c'est donc
mal apprécier ? Ce n'est donc pas par ces
passions erronnées qu'il faut envisager la
vraie gloire.

Ainsi , la lâcheté , qui n'ose envisager sans
découragement les sacrifices qu'exige et que
mérite la vertu , crée l'hypocrisie pour en
feindre plus aisément la pratique , sans considérer qu'il faut pour feindre se traîner
d'une manière vile et pénible , autour d'un
mensonge toujours prêt à être dévoilé pour
le désespoir de l'orgueilleux.

Ainsi , la mauvaise honte qui nous fait
ménager des préjugés dont nous connoissons
toute la fausseté , éloigne encore bien plus
de la vraie gloire ; elle étouffe le germe précieux de la vertu dans un cœur qui la chérit ,
pour la sacrifier à la crainte des sarcasmes ,
sous lesquels les sots et les pervers vou-
droient l'étouffer pour s'en dispenser ; quelle
foiblesse !

Mais , me diront quelques bas hypocrites,
faut-il compromettre la vertu sous l'arme

terrible du ridicule qui en impose au grand nombre ?

Le vrai, l'unique ridicule à éviter est celui qui tranche trop sur des usages innocens et des systêmes reçus même par les plus sages de sa nation. Telle seroit la manière imprudente de publier ses principes quoique bons, contre des institutions peut-être mauvaises, mais admises universellement et consacrées par leur antiquité ; de les appliquer hors de propos, de prétendre les faire adopter, d'en disputer avec aigreur, au point de troubler le repos de la société, enfin de ne pas conformer sa conduite à ses principes : telle seroit encore la folle manière de vouloir trancher, changer, réformer dans les choses d'un usage indifférent ; comme la manière de se mettre et de se marquer des égards, ou comme d'innocens préjugés qui servent au peuple d'éducation et de philosophie ; ce seroit lui arracher des illusions, qui lui valent des principes réels, dès-là qu'elles le mènent au même but. Voilà où il est sage d'éviter le ridicule !

Mais, lorsqu'il s'agit de se décider entre un faux ridicule et un crime trop réel, ou l'accomplissement d'un devoir, la pratique d'une vertu nécessaire, il n'y a pas à balancer.

Sous quelle peine et par quel inconvénient l'Auteur de la nature oblige-t-il l'homme de tendre à une perfection si pleine de difficultés ?

Il l'oblige sous peine de s'éloigner de son intérêt le plus précieux, de perdre son estime et la considération des vrais sages, enfin de demeurer dans la boue de la société, sans jouissances intellectuelles, les plus délicieuses de toutes ?

Sans doute votre intérêt, le plus précieux, c'est la vertu qui vous mène à la perfection de votre être, c'est l'estime de votre propre cœur, c'est le respect motivé des plus sages de vos semblables, c'est la couronne immortelle qu'ils décernent au vrai mérite, c'est un souvenir flatteur dans la mémoire des hommes !

Il faut cependant renoncer à cette noble et précieuse existence, si, effrayé de quelques difficultés, vous refusez d'entrer dans la carrière qui la donne, pour rester vilement enveloppé de votre lâcheté, dans la lie de la société qui vous méprise.

Mais, ajoutez-vous, cette carrière brillante n'est pas à la portée de tous les hommes !

Quoi ! il n'y a pas une gloire, un degré de

perfection propre à tous les états, à toutes les situations où se trouvent les hommes ? Par-tout, ne peut-on pas se porter au premier mérite attaché à l'accomplissement des devoirs de sa place, de son rang, et de-là s'élancer dans un rang plus élevé ? N'y en a-t-il pas mille exemples ?

Et quand même il ne seroit pas donné tout le monde de frapper au but, d'atteindre au suprême degré, n'est-il pas beau, n'est-il pas utile de le tenter ? Ces élans vertueux en approchent d'autant. Aussi, c'est dans cette carrière qu'il est permis à l'amour-propre d'ambitionner le premier rang.

La perfection de notre être est un des plus beaux desseins de l'Auteur de la nature ; tout ce qui y conduit est donc vertu ! tout ce qui en détourne est donc crime dans l'ordre politique et moral !

CHAPITRE X.

SEPTIÈME RÈGLE DE MORALE.

L'accord de nos mœurs, avec la faillibilité humaine.

C'EST en examinant sérieusement l'existence, les causes et les effets de la faillibilité humaine, que l'on peut approfondir l'étude de la connoissance de l'homme; car, c'est-là, c'est dans sa faillibilité qu'il est lui-même.

La plupart des philosophes, des moralistes qui ont traité de l'homme, nous ont présenté un être idéal, parce qu'ils l'ont créé d'imagination, et ne l'ont pas cherché dans sa faillibilité, en sondant leur propre nature.

Tous conviennent, sans doute, de son imperfection; mais peu en ont étudié eux-mêmes les causes et les effets; les uns en ont fait des fables; les autres des histoires inexactes, outrées ou flattées.

C'est cependant d'après tant de préventions, d'après une étude si négligée de l'homme, qu'ils ont osé lui imposer des devoirs et lui créer des crimes que sa **nature ne** lui a pas faits ; c'étoit doubler les malheurs de sa faillibilité trop réelle.

Cette règle de conduite est la plus importante ; il s'agit d'une morale vraie ou fausse ; c'est ici où il ne faut pas sacrifier aux préjugés.

J'invite donc tous les docteurs qui préfèrent une morale praticable, au spécieux d'une sévérité purement spéculative, qui sont prêts à sacrifier l'engouement d'une opinion particulière au bonheur, à l'intérêt de tous, de descendre avec moi, sans préjugés, dans tous les détails de la faillibilité humaine, pour reconnoître si c'est-là l'homme ? et si c'est à cette créature-là qu'ils prétendent adresser la morale qu'ils nous prêchent?

Je dis donc que l'homme est de sa nature, une créature faillible et imparfaite, c'est-à-dire, bornée, sujette à des erreurs, à des foiblesses, à des écarts qu'elle ne peut pas toujours prévoir et reprimer ; conséquemment, qui ne sont pas toujours des crimes.

Je dis qu'il ne peut pas être autrement et être l'homme ; que son créateur, en faisant de lui un être physique et moral, n'a pu, sans

se contredire lui-même, lui épargner les inconvéniens de cette double constitution :

C'est-à-dire , qu'il n'a pu le soustraire
d'un côté aux effets des loix éternelles, de
l'inertie , de la gravitation , des chocs , des
frottemens et du dépérissement des corps
ou de la matière , aux effets des affections
vives , des mouvemens véhémens et sensibles
qu'il a fallu imprimer à cette masse de matière inerte et résistante , pour l'animer , lui
donner des sensations , et lui créer les besoins de la vie ; qu'il n'a pu le soustraire aux
erreurs de cette passion curieuse dont il a
fallu brûler son imagination , pour la forcer
de vaincre sa paresse , d'étendre ses connoissances , et de surmonter les difficultés de
l'étude ; qu'il n'a pu le soustraire aux écarts
où tous ces mouvemens impétueux l'em-
portent.

C'est-à-dire , que, d'un autre côté, il n'a pu
le soustraire aux effets des loix métaphysiques
de sa raison , seule faculté morale, lumineuse,
réfléchie , judicieuse, capable d'appercevoir
un but qui puisse modérer, régler, éclairer et
conduire ces mouvemens aveugles à ce but
qu'ils ne voient pas ; faculté qui , par sa nature, est obligée d'attendre le calme nécessaire,

pour délibérer, juger sur les moyens de régler tant d'effervescence, de modérer tant d'activité, d'éclairer tant d'appétits aveugles, de comparer les suites de tant de mouvemens désordonnés, avec la sagesse des desseins de la nature, de réparer tant de ravages et de prévenir ces orages;

D'où il résulte que, l'action étant nécessairement plus vive que la réaction, dans la constitution de l'homme, il est nécessairement, et de sa nature, une créature faillible.

Mais, dira-t-on, cette créature infortunée n'aura-t-elle pas beaucoup à se plaindre d'une constitution vacillante dont l'équilibre est manqué? N'étoit-il pas de la sagesse, de la bonté de l'Auteur de la nature, de mettre plus d'égalité, de précision, dans l'action et la réaction de sa constitution organique et morale?

Point de doute que, si l'Auteur de la nature se fût proposé de créer, dans ce globe, un être plus parfait que l'homme, il n'eût fait entrer dans sa constitution des principes plus susceptibles d'égalité dans l'action et la réaction; comme il l'a fait, peut-être, dans la chaîne immense des êtres qu'il a placés dans les divers globes qui ornent et animent l'espace où il règne : mais ce n'eût point été *l'homme.*

Dès qu'il a été placé sur son globe au premier rang de l'être, à une hauteur immense du plus parfait des autres animaux ; quel droit a-t-il de se plaindre ? Sa destinée, dans cette chaîne brillante des êtres possibles, étoit d'y figurer comme une créature corporelle et morale, douée de raison et de liberté, il doit être sujet aux loix éternelles physiques et métaphysiques de sa nature.

Alors, il doit éprouver d'un côté les effets de la gravitation et de l'inertie de la matière dont il est composé, sa résistance, sa tendence au repos, à la foiblesse, à la dissolution ; de l'autre côté, les effets de sa sensibilité frappée de mouvemens, de passions plus fortes que toutes ses résistances pour les vaincre toujours, et durer plus long-tems.

Enfin, il doit être sujet aux effets des lenteurs d'une faculté réfléchie, qui attend le calme nécessaire pour délibérer, tandis que ses passions le brûlent, ou l'égarent quelquefois malgré lui.

Ces mouvemens véhémens, ces passions enflammées, si nécessaires pour créer la vie dans une masse résistante , tiennent à des rapports corporels qui tendent comme toute matière composée, à s'user , à se ralentir par les frottemens et l'usage.

Si ces ressorts n'avoient reçu qu'une juste proportion d'activité , pour porter avec une précision mathématique au but de la nature ; ces ressorts, déjà ralentis par le premier usage, usés par les frottemens subséquens , ou par des déperditions toujours moins réparées , nous eussent laissés tout-à-coup en-deçà du but où ils doivent nous porter ; et les desseins de la nature , sur les besoins de notre vie, sur nos jouissances et le bonheur qu'elle y a attaché, n'eussent pas été remplis , ou l'eussent été beaucoup moins , en faisant cesser plus tôt nos moyens.

Au lieu qu'en leur donnant savamment plus d'étendue , elle s'assureroit qu'après quelques écarts imprévus , qui ne sont dans notre conduite que des chocs sans moralité; ces ressorts nous ramèneroient infailliblement et bien plus long-temps, au but qu'elle s'est proposé.

Ce que je viens de dire sur la faillibilité humaine ne tient point à un système sur un objet inconnu ; c'est l'histoire vraie de la nature

dans

dans la formation de l'homme, écrite dans sa propre constitution ; c'est l'exposition générale et l'application particulière de ses loix constantes et éternelles. Ce que je vais dire le prouvera mieux encore.

Cette faillibilité est le seul point d'appui où nous puissions poser l'échelle, pour remonter à travers les fables, les systêmes des philosophes et des naturalistes, à l'origine du mal physique et moral.

Origine du mal physique.

Le mal en ce monde nous vient-il du principe méchant de Manes, ou de l'aveugle fatalité de nos philosophes, ou de la prescience du bon principe selon nos scholiastes, enfin d'un changement arrivé dans la constitution humaine ?

Hélas ! le mal, comme le bien, coule sur nous de la même source ; c'est l'effet des loix éternelles de la nature, dirigées par son Auteur. Nous l'éprouvons constamment.

D'abord, le mal physique, tel que les maladies, les chûtes, les blessures, les météores épouvantables de la nature, enfin la destruction lente ou subite de nos corps, soit méritée, soit nécessaire, sont les effets naturels de la sensibilité, de la flexibilité, de la divisibilité de nos organes, en rapport avec la dureté, la pesanteur et l'activité des corps qui les frappent ou les mettent en mouvement.

Nos organes sont ces parties du corps savamment dessinées, merveilleusement composées, artistement arrangées pour le mettre en jeu, en action, en rapport sensible avec les autres corps qui nous environnent.

Ces organes, composés de filets ou fibres nerveuses, nous ont été donnés flexibles, divisibles, pour produire sur nous tous les mouvemens et nous rendre tous les détails des sensations nécessaires à la vie.

Les autres corps qui nous environnent, tels que la terre et les substances qu'on en tire, tels que l'air, le feu, l'eau et leurs mixtes, ont tous une dureté, ou une pesanteur, ou une activité qui donnent de la consistance et du mouvement à l'univers ; mais qui, par les mêmes loix, peuvent frapper désagréablement la sensibilité de nos organes, les froisser dans leur flexibilité, et les déchirer dans leur divisibilité.

Si l'homme, libre, a provoqué ces accidens par une démarche imprudente, en méprisant les loix de la nature, il les a mérités ; s'en plaindre, ce seroit blâmer la sagesse de celui qui a attaché des inconvéniens douloureux aux abus, aux excès d'une créature libre.

Mais, s'il est victime innocente d'accidens imprévus, inconvéniens attachés aux plus belles loix de la nature, à la marche de l'univers, qui souvent se refait dans ses parties usées, par un désordre apparent, il s'en consolera dans cette réflexion philosophique :

« Ces maux rares, quand on ne les pro-
» voque pas, quand on n'a pu les prévoir
» pour les éviter ; ces maux rares sortent
» de la même source que mes jouissances in-
» finies et le bel ordre de l'univers ; je dois
» les souffrir avec courage et résignation,
» seuls moyens de les adoucir, ou demander
» que le monde cesse d'exister avec moi, et
» qu'il manque tout-à-coup aux jouissances
» de tous les êtres que cet accident n'a point
» frappés ».

Et quels seroient en effet, dans ce cas, les reproches fondés que l'homme pourroit faire raisonnablement à la nature ? Pouvoit-elle lui donner en même-tems la sensibilité et l'impassibilité ; c'est-à-dire, donner à son corps de la consistance et du mouvement propre à porter des jouissances à cette sensibilité, et en même tems la paralyser, pour ne point l'affecter désagréablement, quand il s'agit cependant de l'avertir par la douleur de ce qui lui seroit nuisible ?

L'ingrat ! Pouvoit-il être mieux organisé pour assurer son existence, trouver son bonheur, et éviter tout ce qui, l'affectant désagréablement, annonce son malheur ?

Sa sensibilité lui indique les besoins de son être, et en même tems lui fait une jouissance de les satisfaire ; la flexibilité de ses organes le met à même de se transporter à volonté vers l'objet de ses desirs, établit un rapport sensible, interne et externe, entre lui et tout ce qui existe ; c'est elle qui lui fait odorer, savourer, entendre, toucher, saisir ou au moins appercevoir les corps qui l'environnent.

Des organes assez délicats pour marquer et distinguer, jusqu'aux moindres nuances, des sons, des odeurs, des couleurs, des formes, des pesanteurs ; ces organes nécessairement mobiles ne pouvoient être formés d'une seule pièce, ou de matières dures ; il falloit qu'ils fussent tissus de fibres sensibles et flexibles, d'une extrême finesse, en raison des détails et de la délicatesse de leurs opérations, et, par cela même, nécessairement divisibles, irritables et susceptibles de douleur.

Ces organes peuvent donc être désunis, rompus, froissés par des corps durs ou corrosifs, tels que le fer, la pierre et les mixtes vénéneux.

Mais, si les autres corps de l'univers n'avoient pas cette solidité qui par fois nous blesse, cette activité qui par fois corrode nos viscères de leurs poisons, qu'auroit été pour nous cet univers sans consistance, ce monde impalpable, insipide, incompréhensible, au milieu duquel nous ne respirerions pas une minute?

Si le corps qui, en tombant, nous meurtrit, n'avoit pas de poids, rien dans l'univers ne pourroit se fixer, aucun corps ne pourroit s'y mouvoir, en raison de son poids ou du choc et de la résistance d'autres corps : plus de cours des astres, plus de forces motrices pour seconder nos efforts ; adieu la marche, la beauté, la vie, l'harmonie de la nature ; adieu nos beaux arts, nos ressources, nos jouissances et nous-mêmes.

Si certains élémens, tels que l'eau, l'air, le feu et leurs mixtes, n'avoient pas cette activité qui par fois nous crispe et nous déchire, nous serions sans goût, sans couleurs, sans apperçus, sans mouvemeus, rien ne frapperoit nos organes.

Si, d'un autre côté, la nature, aussi aveugle que nous, nous eût cuirassés de fer pour résister à ces chocs fâcheux, nous n'eussions présenté à la douce influence de ces élémens qu'une masse repoussante, informe et insensible.

Il faut donc que l'homme soit vulnérable, et les corps qui l'environnent, durs, actifs, mobiles, pour qu'il ait des sensations et que l'univers subsiste avec lui.

Or, un être sensé, un philosophe, un sage, peut-il demander sensément la destruction de ce bel ordre, pour s'épargner, à lui, quelques inconveniens necessaires? Qu'il invoque au contraire avec reconnoissance le courage, la résignation et l'espoir religieux dont la nature l'a rendu capable, pour diminuer la sensibilité de ces maux; qu'il consulte la lumière, la prévoyance dont elle l'a doué, pour les réduire à ce petit nombre de maux inévitables à l'homme raisonnable et modéré! Alors à peine rencontrera-t-il dans le choc des corps assez de sensations douloureuses pour lui rendre plus sensibles les jouissances infinies qu'il tire de leur combinaison.

Le courage et la résignation dont la nature nous a rendus susceptibles sous les coups d'une fatale nécessité, donnent à la sensibilité une contre-affection qui fait de la douleur, un sentiment délicieux pour l'ame forte.

C'est ainsi que le guerrier reçoit la mort, comme il la donne ; c'est ainsi que des milliers de malheureux, aux prises avec les douleurs, les privations et leur destruction partielle ou totale, charment ces malheurs par le sentiment consolant de l'innocence, de la résignation et de l'espoir religieux.

Etoit-ce-là nous laisser sans ressources contre la fatalité des évènemens ? Ce n'est point ici un portrait de fantaisie, c'est l'histoire de l'homme sous la dictée de l'expérience.

Mais les fatalistes, qui ont fermé dans leur cœur la source de toutes ces consolations, osent encore demander pourquoi l'Auteur de la nature n'a pas employé dans l'univers une combinaison qui n'eût pas ces inconvéniens.

D'abord, leur *fatum* ne leur doit point de compte ; mais encore un coup, la question est sur cet univers, et non sur un monde

P 4

idéal que nous ne concevons pas : or, cet univers, où tout est vie et matière, ne peut subsister que par les loix éternelles du poids et du mouvement, en rapport avec la sensibilité de ses créatures animées, qui n'ont pour tact que la douleur et le plaisir.

Ne nous exposons pas à blasphêmer l'Intelligence qui en a tracé le plan, en lui faisant des reproches de ne pas resserrer ou étendre, à notre fantaisie, les bornes de sa puissance que nous ne connoissons pas. Quand un docteur nous dit doctoralement : *Dieu peut tout*, la raison répond : « Tout ce qui est radicalement possible à une intelligence soumise aux règles de sa propre sagesse.

Sa puissance, bornée par les contradictoires, a dû suivre, dans tous les détails de cet univers, l'invariabilité des loix éternelles qu'elle a posées comme la base de cet édifice. Ainsi, elle ne peut faire que le même corps soit en même-tems lourd et léger, mol et dur, mu et tranquille ; que la même créature soit sensible et impassible dans les mêmes circonstances.

Le mal physique n'est donc pas l'effet de la colère, ou de la mal-adresse, ou de la prescience maligne du Créateur ou d'une fatalité aveugle ; mais il a, comme le bien, sa source dans les loix éternelles de la création.

Si on persiste, en me demandant pourquoi il y a des loix éternelles qui ont des résultats si fâcheux ? je ne répondrai plus.

Origine du mal moral.

Le mal moral est celui qui est le résultat des abus et des crimes qui déshonorent la nature humaine, et tourmente la société.

Ce mal a sa source, dans les mêmes facultés morales d'où découlent les vertus, la félicité et la gloire sur l'espèce humaine ; je veux dire, dans la faillibilité, la liberté et la sociabilité qui entrent, comme facultés nécessaires, dans la constitution morale de l'homme.

Si l'homme n'eût pas été faillible, libre et sociable, à la vérité il n'eût pas commis les crimes qui révoltent, affligent et dégradent son espèce, il n'eût pas été victime des abus de liberté de ses semblables ; mais il eût été sans jouissances, sans vertus, sans gloire, en un mot, sans bonheur social ; et en ce triste état, eût-il été l'homme !

1°. Sans faillibilité, il eût été sans passions, conséquemment sans excès ; mais aussi sans mouvemens suffisans contre son inertie, sans énergie, sans combats contre ses sens, sans règne sur lui-même, sans jouissances morales, sans besoins physiques, autant dire, sans existence humaine.

2°. Privé de sa liberté, il eût été sans crimes ; mais aussi sans vertus, sans gloire, sans mérite, sans conscience, sans remords comme sans satisfactions, dupe et victime, avec ses semblables, de tous les mouvemens irréguliers que la nature lui eût imprimés.

3°. Séparé de toute société, à la vérité, il eût été sans devoirs relatifs, il n'eût point souffert des abus politiques et des torts de ses semblables ; mais aussi, il eût été sans émulation, sans industrie, sans perfection, sans amour-propre, privé des avantages honorables et utiles qui résultent des talens, des vertus réciproques, des arts, et des efforts réunis, foules de prodiges et de grandeurs pour les hommes ; il eût été privé de ces douces affections qui nous lient, mis hors de la chaîne qui unit les cœurs, les intérêts des familles, des amis, de l'humanité entière ; sans devoirs, sans asyle, sans défenses contre le plus fort, le plus rusé, contre la

férocité des animaux, l'intempérie des sai-
sons, infiniment au dessous de la brute ;

Tandis qu'avec cette faculté, il s'élève à
la perfection pour laquelle il a été créé, et
saisit le bonheur avec bien plus d'étendue
qu'il n'est saisi lui - même par le malheur,
lorsqu'il abuse, ou ses semblables.

Point de doute que, si nous provoquons
nous-mêmes le mal moral, il ne soit alors,
comme le mal physique, la juste punition de
nos abus, de nos crimes, et un motif de surveillance, que la nature a attaché à nos actions, pour nous avertir de l'abus.

Mais il est des maux sortis de même source,
que la nature n'a pas laissés en notre pouvoir
d'éviter, tels que les effets désastreux des
erreurs imprévues, des écarts involontaires
où nous jette la fougue des passions; les effets plus cruels et plus injustes encore des
crimes et des abus de nos semblables, des
secousses politiques, des fléaux dévasta-
teurs des révolutions, qui, comme la foudre,
écrasent et désorganisent, pour purifier et
révivifier comme elle.

Lorsqu'en société on réduit, comme on y
est intéressé, la somme de ces maux à ceux
que la prudence n'a pu prévoir, que la sagesse

n'a pu prévenir, que la modération n'a pu
éloigner, que les loix n'ont pu épargner;
cette somme de malheurs inévitables se réduit à si peu, dans le cours ordinaire de la vie,
qu'elle se perd dans celle de nos jouissances et
suffit à peine pour les assaisonner, et y jeter
ce piquant qui fait sentir l'heureuse différence
de la félicité à la peine, ce qui constitue le
bonheur.

Si l'homme innocent, frappé de ces maux
inévitables, veut faire usage de toutes les
ressources que la nature lui a faites contre la
rigueur du sort, il verra, avec satisfaction,
qu'elle lui a donné peu de besoins pour
faire face à la misère, beaucoup de courage
pour braver la disgrace, assez d'amour de la
vraie gloire pour lui rendre intéressant le
sacrifice nécessaire de ce petit nombre de
maux qu'il n'a pu prévoir ni éviter; assez de
sentiment religieux pour lui faire trouver de
la douceur, de la consolation dans sa peine,
et une résignation céleste qui exalte sa sensibilité et l'élève au-dessus de la nature.

Ce sont-là des vérités qui sortent de notre
propre constitution et que l'expérience public, contre lesquelles viennent s'échouer les
sophismes, les sarcasmes que des hommes à

systêmes se sont permis contre la providence,
dans des diatribes pleines de mauvaises plaisanteries sur l'optimisme, question puérile
fondée sur ce mauvais raisonnement.

» L'être nécessaire n'a point de bornes, sa
» puissance et sa perfection n'en ont pas
» non plus; en créant le monde, il a fait
» tout ce qu'il a pu; il doit donc être le meil-
» leur des mondes possibles ».

Alors, dans la critique amère qu'ils font
de ce meilleur des mondes, ils mettent sur le
compte de la divinité, qui n'est plus pour
eux qu'une fatalité, une foule de maux qui
ne sont que les fruits douloureux de l'in-
tempérence, de l'imprudence et des excès;
une foule d'accidens qui ne sont que les
effets des loix éternelles de la matière et des
moyens de rectifier ces inconvéniens mêmes,
et de renouveller la nature.

Enfin, si l'être nécessaire n'a point de
bornes, dites-vous, pourquoi voulez-vous
donc que ce monde soit le meilleur des
mondes possibles ? D'après votre principe, la
chaîne des possibles ne peut être limitée dans
ses mains : ainsi, il peut créer dans tous les
degrés, dans toutes les nuances de ce possible, tant qu'il ne se trouvera point en con-

tradiction avec lui-même ; pourquoi voulez-
vous donc que, dans la fourmillière des
mondes qu'il a semés dans l'espace, il ait
fait celui-ci , pour le meilleur des mondes
possibles ?

Voyez combien vous osez borner vous-
même une puissance à laquelle vous ne met-
tez point de bornes ? Est-ce que, sur ce globe
même , ses créatures n'ont pas toutes les
nuances de l'imparfait au beau ? Pourquoi les
mondes ne passeroient-ils point par les mêmes
gradations que ses autres créatures ?

C'est ainsi qu'une foule d'hommes légers
décident de ce monde sur des apparences;
tandis que d'autres attrabilaires , qui font
Dieu petit et chagrin comme eux, peignent
de leur bile la colère et la malédiction dont
ils prétendent qu'il frappe ce malheureux
globe à cause de la faillibilité de ses habitans,
qui est son ouvrage; et en ne nous montrant
que le côté fâcheux de la vie, ils nous demandent , si c'étoit bien la peine de naître?

C'est ainsi , que d'autres malades nous assurent encore, le plus éloquemment du
monde, que l'état naturel de l'homme est
une vie souffrante, une nature contrariée,
un état violent dans ce monde , pour lequel

il n'est point du tout fait, où il n'a été mis en
passant, que pour y faire le sacrifice de toutes
ses facultés, d'où il ne sortira que par une
mort inquiète, pour entrer dans un avenir
épouvantable, en raison des préceptes impraticables qu'ils lui ont donnés, avenir où
le juste, qui les a pratiqués, sera *à peine*
sauvé lui-même.

Mais heureusement, tandis que ces rêveurs
exaltés broyent du noir ou font de la méchanceté, l'homme sensé, l'homme de la
nature, guidé bonnement par son intérêt,
chérit la vie comme un bien précieux, non-
seulement par ce sentiment physique qui
nous y attache malgré nous, mais par un
amour moral et appréciateur des biens qui
compensent ses maux, de ces jouissances délicieuses et presque illimitées d'un cœur affectueux, d'une ame élevée, qui trouvent
toujours du bien à faire, des vertus à pratiquer, des vérités à découvrir, des connoissances à acquérir, une carrière de perfection
jusqu'à l'infini à parcourir, de l'estime à mériter ; cette même vie ainsi embellie, à éter-
niser dans la mémoire des hommes les plus
estimables, à prolonger dans les douces pensées de l'espérance, à finir dans les bras con-

solateurs de la religion et destinée à être cou-
ronnée par le Législateur même qui lui a
tracé les devoirs doux et possibles qu'il a
remplis ; par le rémunérateur qui lui tient
compte alors des malheurs de sa faillibilité ;
le présent et l'avenir ne sont donc horribles
que pour le scélérat réfléchi, et les cerveaux
dérangés !

D'après cette connoissance acquise d'une
constitution qui, d'un côté, nous laisse en
proie aux erreurs de l'imagination, aux écarts
des passions , à la foiblesse d'un corps péris-
sable ; de l'autre , nous rend capable de saisir la vérité , de régler nos passions , d'exalter notre foiblesse jusqu'au courage ; comment ferons-nous de notre faillibilité une
règle de conduite ?

Nous concluerons, avec justesse , qu'une
créature raisonnable , mais faillible , ne doit
imaginer ni pratiquer, encore moins imposer
à ses semblables , des préceptes, des prétendus devoirs qui passent les forces humaines ;
qu'elle doit en étudier les bornes , dans sa
propre nature , pour s'y renfermer.

Ces bornes sont celles de sa possibilité, qui
limitent l'étendue de ses connoissances et de
ses autres facultés, qu'elle ne peut passer, sans
les

les dénaturer et les détruire, conséquemment sans crime, contre son propre intérêt, et les desseins de l'Auteur de la nature.

Nous concluerons aussi, qu'il ne faut point diriger nos mœurs, par l'attrait des passions qui nous rendent faillibles, mais par la raison qui rectifie les erreurs de notre faillibilité ; mais par la considération et l'étude des desseins de la nature, en nous donnant telle et telle passion.

Le but des passions.

Rien n'est plus intéressant pour nous, que de connoître dans chaque passion, le but que la nature s'est proposé ; car notre propre estime, celle de nos semblables, notre dépérissement prématuré, notre vie, notre bonheur en dépendent.

Demandons donc à la nature et non aux préjugés, quels sont les desseins qu'elle s'est proposés en nous donnant des passions ?

Je l'entends répondre à la bonne-foi, à la sincérité de mes recherches, qu'elle s'est proposé, ou notre *conservation*, ou notre *réproduction*, ou notre *perfection*, parce que tout autre dessein, qui tendroit au désordre,

Tome I.   Q

impliqueroit contradiction. Entrons en preuves de tout cela !

1°. Voyons quelles sont les passions qui nous ont été données, pour nous porter à prendre soin de notre *conservation*, et comment on les doit régler ?

A cette simple question, on sent remuer toutes les passions qui touchent à cette branche des desseins de la nature, on les sent s'indiquer elles-mêmes : c'est l'amour physique de notre être, ses appétits, sa prévoyance inquiète, ses affections de crainte, ses mouvemens d'audace jusqu'à la colère, toutes modérées par la raison et les loix de la société.

Ne craignons pas ici les détails et les longueurs; il s'agit d'assurer notre bonheur par l'usage modéré des passions qui le détruiroient ; celles-ci nous deviennent bien intéressantes, puisquelles nous ont été données pour notre conservation ; traitons donc de la manière de les conduire à ce but !

L'amour physique de soi.

LE premier et dernier sentiment, j'oserois dire « sensation » que la nature a répandu dans tout notre être, c'est un amour de nous-mêmes inquiet et violent quelque-fois même jusqu'à l'indépendance; c'est lui qui est chargé de nous mettre en action, d'éveiller les passions, et de saisir les jouissances qu'elles leur présentent.

Quel agent fougueux attaché au char de la vie! Si la raison ne le dompte et ne le dirige au but, où nous conduiroit-il?

Ce sentiment moteur tendant toujours à l'excès par sa chaleur, à l'erreur par son empressement aveugle de jouir, produiroit en nous les effets désastreux de la haine la plus implacable et la plus funeste, en allumant tous les appétits, en leur accordant tout ce qui nous tueroit.

Rien de plus opposé à la de-tination de l'amour; rien de plus sensiblement contraire à un sentiment qui nous fait chérir l'existence, nous imprime une telle horreur de notre destruction qu'il nous inspire sur-le-champ et nous donne machinalement les moyens de conserver l'une et d'éviter l'autre; qui, si peu que la raison tarde à délibérer, saisit sans nous tous les moyens, fait entrer en contraction, en fermentation toutes les parties de notre être, pour se débarrasser d'un corps nuisible , introduit dans les canaux de la vie.

Les intentions de l'Auteur de la nature , en nous donnant cette passion forte , ne sont pas équivoques ; la raison la moins étendue ne peut pas les ignorer ; elle verra toujours que le grand intérêt de l'amour est la conservation de l'objet aimé.

Notre intérêt à nous , est donc de diriger ce penchant aveugle à notre conservation , en ne lui accordant que ce qui est nécessaire à notre bien-être physique et moral , et rien au de-là.

Nos Appétits.

Les autres appétits qui nous ont été donnés plus aveugles encore , et plus irritans pour exiger de quoi vivre , nous conduiroient à la mort par les lisières de la crapule , si la raison , seul régulateur éclairé de tant de mouvemens , seule résistance à tant d'activité , ne sauroit pas leur refuser ce qui passe les bornes d'une modération sentie.

C'est alors seulement , c'est sous les auspices de la modération , que ces besoins deviennent des jouissances innocentes , les réparateurs de nos forces, et une source vive de santé et de conservation ; quel intérêt ?

La Prévoyance.

La prévoyance, cette passion inquiète qui s'allume au flambeau de la raison (car les animaux en ont moins reçue que nous); la prévoyance est un avis continuel que la nature nous donne, une recommandation que son amour ne cesse de nous faire, de voir toujours en avant, d'éclairer nos pas sur le chemin dangereux des abus, des excès, des négligences qui nuiroient à notre conser_ vation, pour nous en détourner de loin, éviter ce qui nous seroit nuisible, et pourvoir à ce qui nous seroit nécessaire.

Passé ce but, ce n'est plus qu'une maladie, une fièvre d'inquiétudes vaines, qui nous rongeroit en détail au lieu de nous sauver.

Telle est, par exemple, la prévoyance aveugle de l'avare, qui amasse pour un avenir chimérique, ce qu'il arracha vilement au nécessaire actuel.

Il faut convenir que cette affection passionnée afflige plus qu'elle ne console ; mais, pour prévoir tous les dangers réels, il nous étoit difficile de n'en pas créer de faux , en voulant voir un avenir incertain.

C'est la nature , c'est une mère qui tremble sur nos jours et qui sonne l'alarme à l'aspect de l'ombre même.du danger, pour nous sauver aux risques même de nous affliger en vain , l'un lui étant comme à nous bien plus important que l'autre.

La Crainte.

La crainte est une appréhension de notre destruction que la nature nous inspire pour nous donner l'éveil sur tout ce qui peut menacer notre existence ; passé ce but, c'est pusillanimité , c'est foiblesse décourageante , maladie dont la raison seule est le médecin. Je ne parle point ici de la crainte morale ou religieuse , celle-ci veille aux intérêts de notre perfection morale. La crainte est l'éveil de la prévoyance,

La Colère.

La colère est une affection de l'ame qui excite un orage au milieu de nous , c'est une intumescence des esprits vitaux vers les extrémités, pour nous porter armés de toutes nos défenses et pleins d'audace, vers l'objet qui menace notre existence ; c'est un grand et dernier effort que fait la nature en faveur de notre conservation, dans les grandes crises où elles est ménacée par nos semblables.

Passé ce but, c'est injustice, rage nuisible et mortelle, crime de lèse société.

En considérant les motifs d'amour que la nature a eu de rendre cette passion extrêmement forte pour nous arracher des mains de nos plus cruels ennemis, on se console des ravages involontaires qu'elle occasionne ; mais à la vue des crimes qu'elle fait commettre, on frémit et on sent l'intérêt et la justice de la réprimer.

Voyez combien la raison et les loix sont nécessaires pour régler ces agens furieux, pour conduire ces penchans aveugles, ces passions dangereuses à leur but et les y retenir ! Mais voyez en même tems, comme elles portent avec elles, la punition graduelle de tous les excès qui renversent les desseins de la nature sur notre conservation ! La fonction de cette loi frappe le cafre

comme l'académicien, l'athée comme l'illuminé; c'est ainsi que doit parler la nature.

2°. Examinons maintenant la passion qui
doit nous faire entrer dans les desseins de
reproduction qu'a dû se proposer le créateur
de notre espèce, et les moyens qui sont en
notre pouvoir de la réprimer !

La Volupté.

Il ne faut pas beaucoup interroger notre
nature pour avoir une réponse précise à cette
question; dans la foule des penchans qui
nous sollicitent de prendre les intérêts de la
vie, la volupté n'est ni la moins empressée,
ni la moins dangereuse.

Il ne faut pas beaucoup interroger ses lumières et son intérêt, pour voir qu'un tel
penchant doit être réglé par la raison, sur
le sentiment de pudeur qui l'accompagne
toujours tant qu'il n'est point repoussé, pour
le modérer selon les intentions de la belle nature, et qu'il doit être enchaîné dans les
beaux nœuds que la société exige pour en
légitimer l'usage.

On donne le nom de volupté à cette passion séduisante et dangereuse qui prend tous

les attraits du plaisir , à ce feu producteur
dont la nature enflamme tous ses êtres animés , pour l'important et vif intérêt qu'une
cause créatrice a dû mettre à la réproduction des espèces.

Sous cet attrait puissant , sous ce feu qui
consume , un être froid et réfléchi, eut-il pris
les intérêts de la nature contre ceux de son
repos , souvent de sa santé et presque toujours de sa fortune ?

Cette passion, n'en doutons pas , est bien
plus dans les intérêts de la nature , comme
cause créatrice , que dans celui des individus ; elle en met tant à propager les
races, à conserver les espèces , qu'il lui en
coûte peu de sacrifier des individus , pourvu
qu'ils propagent leur vie à d'autres, et qu'elle
nourrisse ceux-ci de leurs débris.

Aussi la voit-on tendre des piéges à tous
nos sens , nous peindre tout en beau dans
cette passion , employer jusqu'aux charmes
des illusions pour nous attirer à ses desseins,
et quand ils sont remplis , nous renvoyer
tristement comme des dupes, rêver sur les
inconvéniens de cette invitation souvent si
funeste , selon ce vers passé en maxime :

« *Laeta venire Venus tristis abire solet.* »

C'est donc à la direction de cette passion ennivrante et pressante, que l'homme a un intérêt personnel, j'oserois dire à part de celui de la nature, d'appeller sa froide raison, pour en tempérer l'ardeur : cet intérêt est celui de se conserver sain, calme et estimable.

Mais, puisque la réproduction est le seul but qu'on puisse attribuer à la sagesse et à l'intérêt de la nature en nous donnant cette passion, puisqu'un plaisir trompeur est le seul prix dont elle paye le sacrifice que nous faisons de notre intérêt au sien, il faut donc réfléchir que les excès avilissent, affligent et éteignent jusqu'aux illusions de ce plaisir, au lieu d'étendre la volupté ; que les abus détruisent au lieu de propager.

Et comme, d'un autre côté, les productions illégitimes troublent l'ordre des sociétés, blessent la décence qui en est l'ornement, les surchargent d'individus malheureux que la plupart des gouvernemens n'avouent qu'à demi pour des hommes, et de mères plus malheureuses encore que l'opinion couvre d'un éternel opprobre, il est très-instant d'éviter des abus si faciles à commettre et cependant si nuisibles, si difficiles à réparer, et de ne former de tendres attachemens que quand la raison juge qu'ils peuvent être couronnés d'une alliance légitime , que les familles, amies de la nature , devroient rendre moins difficultueuse , en sacrifiant de moindres intérêts à celui de l'assortiment des cœurs et des goûts.

Quoique les abus imprévûs , les écarts absolument involontaires où nous emporte la violence de cette passion , soient sur le compte de la nature, on seroit bientôt coupable et plutôt avili ou anéanti , si on n'appelloit bien vîte la raison pour en modérer la véhémence , la régir noblement et n'en pas devenir esclave. Car , si d'un côté la nature allume ce feu dangereux, de l'autre elle inspire la pudeur qui le modère.

En effet , ne cache-t-elle pas elle-même à nos recherches les plus empressées, le secret, le mystère de ses reproductions ? n'inspire-t-elle pas une sorte de timidité et de résistance pudibondes aux deux sexes ? N'est-ce pas sous le voile du mystère qu'elle appelle au plaisir ? N'est-ce pas par estime pour cette vertu la plus délicate du cœur humain , qu'elle le contracte elle-même , aux moindres expressions qui la blessent, pour injecter nos joues d'une rougeur estimable ?

La pudeur enfin est la garantie de ses desseins de reproduction ; elle a attaché le mépris, l'aversion, la dégradation physique et morale de notre être à l'abus de cette passion ; quelles loix de pudeur sortent d'aussi pures intentations ?

3°. Voyons enfin quelles sont les passions destinées à nous porter à la perfection de l'être, et quelles en sont les règles ?

C'est, on le sentira bien, l'amour moral de soi, la curiosité ou le desir de savoir ; enfin l'ambition, réglée par une juste appréciation de la valeur des objets que ces passions nous font rechercher et des moyens d'y atteindre.

L'amour moral de Soi dégénéré en orgueil.

On ne sauroit trop le répéter, l'amour-propre nous a été donné pour nous conduire à la recherche de nos plus précieux intérêts.

Ce qui perfectionne notre être au physique comme au moral est, sans contredit, l'objet le plus précieux que la nature et la raison d'accord , présentent à la recherche de cet intérêt.

Conséquemment, l'orgueil ennemi de toute perfection , puisqu'il renverse toute harmonie ; puisqu'il nous éloigne lui-même de la vraie considération qu'il vouloit usurper ; puisqu'il provoque l'indignation et le mépris au lieu de l'admiration et de l'estime qu'il prétendoit arracher : l'orgueil n'est plus dans les vues sages de la nature , ni dans nos vrais intérêts !

Il faut donc le rectifier sur les desseins qu'elle révéle à notre raison , sur l'idée du beau moral qu'elle peint à notre imagination , sur l'utilité de l'action qu'elle présente à notre amour-propre, utilité fixée par les vrais sages.

Voilà les seuls moyens de calculer juste dans l'usage de cette passion , la valeur de l'objet de ses recherches et la route pour y atteindre. Ainsi devons-nous agir dans toutes les inspirations de cette passion rapace , telles que l'envie , l'usurpation ou la violation des droits de nos semblables.

La curiosité ou le desir de savoir.

LA curiosité ou le desir de savoir est un

stimulant que la nature **a** jeté dans l'esprit pour le porter à étendre ses connoissances et à perfectionner son entendement.

Mais, si nous nous laissons emporter au-delà des possibles et des certitudes par ce stimulant que la nature a cru devoir verser à forte dose sur la paresse, la tendance au repos et les résistances de notre constitution corporelle, pour vaincre les obstacles et les difficultés des recherches et de l'étude; si nous décidons témérairement sur des objets d'une spéculation au-delà de nos lumières et des bornes de nos certitudes, nous entrons dans le pays des chimères, des erreurs, des opinions, des systêmes hasardés, qui nous jettent loin de la vérité et de l'objet de nos recherches.

Alors, pour rentrer dans les desseins de la nature, il faut rentrer dans les bornes qu'elle a mises à nos facultés, à nos lumières; ne décider qu'après des démonstrations, douter de ce qui n'est que probable, et toujours examiner, comparer; avoir soin de s'appuyer sur une certitude pour atteindre à une autre, avant de prononcer.

Mais sur le chemin de l'erreur où la nature nous élance par fois, combien de découvertes

intéressantes nous ménage-t-elle ? La folle recherche de la pierre philosophale entr'autres,
ne nous a-t-elle pas conduits aux plus heu-
reuses découvertes en chimie ? Combien d'autres en mathématiques ne devons-nous pas
à des recherches chimériques ? Mais que cette
passion nous a été funeste en fausse philosophie !

L'ambition.

L'AMBITION est le ressort de l'amour-propre
pour porter l'homme à étendre de tout son
possible ses droits et ses jouissances au milieu
de ses semblables.

Ses plus beaux droits sont certainement
ceux à l'estime, ses jouissances les plus délicieuses sont sensiblement ses vertus.

Tout ambitieux qui veut s'établir injustement sur les droits des autres, ou qui embrasse des objets nuisibles ou avilissans, se
jette loin de l'objet de ses recherches, loin du
but de son intérêt et des vues de la nature
dans l'usage de cette passion.

Tôt ou tard, les hommes, plus justes qu'on
ne croit, marquent avec la plus grande précision le prix que méritent les objets de notre

ambition ; n'ambitionnez donc jamais que des choses dignes de leur estime , ou craignez en proportion de votre erreur , le ridicule , le mépris , enfin l'indignation dont ils paient l'impudence et les sottes prétentions de l'orgueil.

Voilà à-peu-près les leçons dont l'Auteur de la nature a étayée la faillibilité humaine, constitution nécessairement sujette à des inconvéniens ; motif de plus de chercher à en diminuer la somme, en réglant autant que possible les passions aveugles, les mouvemens dangereux qui les font naître ; morale proportionnée à cette constitution , dont on ne doit ni surcharger ni détruire aucune faculté : voilà l'homme et voilà sa morale comparée à lui-même.

CHAPITRE

CHAPITRE XI.

Huitième règle de Morale.

*L'accord de nos mœurs avec la pensée phi-
losophique de la mort.*

L'Auteur de la nature en nous créant
mortels, nous auroit-il fait de la mort une
leçon de conduite ?

En examinant l'homme, nous verrons qu'il
est de tous les êtres sensibles, le seul qui
connoisse et prévoie moralement sa mort.

Cette catastrophe effrayante et toujours
menaçante, qui fait tomber des milliers de
têtes autour de la sienne, lui rappelle sans
cesse le sort qui l'attend : peut-il, avec de la
raison, ne pas mettre à profit, pour l'intérêt
de sa conduite, les réflexions utiles qu'elle
fait naître dans son ame effrayée ?

Qu'il envisage des bords de cet abîme sans
fond, le songe de sa vie ! Qu'il examine ce
qu'il reste au mourant, prêt à y tomber, de
tout ce qu'il chérissoit le plus !

Tome I. R

Il connoîtra bientôt le prix qu'il doit mettre à ses jouissances, et calculera la préférence que méritent celles qui, après avoir été les plus vraies de sa vie, sont encore les plus douces et les plus consolantes à la mort, sur tant d'autres qui, après n'avoir été qu'une ivresse, une illusion de la vie, sont pour lui un tourment cruel en la terminant.

Une démonstration de calcul, c'est que les jouissances les plus vraies, les plus durables, qui flattent encore à la dernière heure de la vie, qui ouvrent au-delà même du tombeau un espoir doux et consolant, sont celles auxquelles notre raison, notre intérêt, nous forcent de mettre le plus grand prix.

Or, elles ne peuvent être ainsi appréciées qu'au poids de la mort; c'est-à-dire, selon les degrés de consolation et d'espoir qu'elles nous laissent au moment où tout finit pour nous.

La pensée de la mort devient donc une règle de conduite sous cet aspect; et peut-être étoit-ce une leçon nécessaire à un être libre et moral?

Mais quelles sont, d'après cette règle, les jouissances de la vie ou les œuvres que nous jugerons capables de nous adoucir la mort et dignes de nous survivre ?

Ce sont, à n'en pas douter, ces jouissances délicieuses que procure à une belle ame, à un bon cœur, toute action noble, bienfaisante, courageuse et irréprochable en même tems ; mais sur-tout de cette utilité publique que les vrais sages admirent et couronnent de l'immortalité.

Très-certainement, rien ne console plus efficacement, rien ne flatte plus sensiblement un mortel prêt de quitter la vie, que la douce certitude de l'avoir remplie d'actions, qui toutes ont entré dans les vues sages de la nature et dans ses plus beaux desseins sur l'homme en société.

Alors, il voit les sages, les justes appréciateurs de ses actions, forcés d'en conserver un souvenir intéressant et d'y attacher leur estime ; il voit l'immortalité s'ouvrir et lui décerner le prix inestimable de la vertu.

La douceur, la bonté, la bienfaisance, l'intégrité, le zèle de son état, le sacrifice d'un intérêt sensible à l'intérêt de tous ; voilà, voilà une série de ces qualités aimables qui donnent dans la vie des jouissances délicieuses, durables jusqu'au dernier soupir ! voilà les vertus qui couvrent de fleurs notre tombeau et nous jettent des couronnes au-delà!

Les jouissances purement physiques qui ne dégradent point, que la conscience ne reprochera pas à la mort, sont innocentes sans doute, mais sans mérite; et les fausses jouissances que l'on veut trouver dans l'orgueil, le faste, l'abus des richesses et des talens, ne soutiennent pas cette épreuve de la mort; l'inexorable! elle dépouille durement des unes et reproche amèrement les autres.

« Osez-vous, me diront quelques hardis » penseurs, faire de la mort une règle de » morale? Ah! cette catastrophe épouvanta- » ble qui détruit douloureusement les êtres » sensibles, loin de nous paroître une règle » pour la vie, n'est à nos yeux qu'un désor- » dre, un écart de la nature »!

Je ne réponds point aux hardis penseurs; mais je dis aux sages qui interrogent la mort: ouvrez sans frémir sur cette catastrophe les yeux observateurs de la raison, et vous verrez la mort dans les desseins de la nature, comme une source admirable de fécondité, d'ordre et de justice.

1°. Elle est une source de fécondité; voyez les êtres sortir des êtres et leurs débris se ranimer ; voyez par cette économie une foule de générations successives s'organiser et venir tour-à-tour contempler et enrichir le spectacle étonnant de la nature, admirer, louer et annoncer l'intelligence immuable, immortelle et féconde qui préside nécessairement à tant de changemens toujours bien ordonnés.

Sans la mort, une race éternelle et stérile eut été produite pour ne plus produire : quelles bornes étroites cette triste économie de production n'auroit-elle pas mises à tant de richesse, de variété, d'éclat, de sagesse et de puissance, que la nature déploie à nos yeux dans le tableau ravissant de sa fécondité !

2°. La mort est une source d'ordre pour la vie ; par elle chaque génération qui la partage, reçoit sa portion du bonheur, la société se renouvelle, les différens âges en varient le tableau, en resserrent les nœuds ; les hommes y naissent enchaînés les uns aux autres par les tendres affections, les devoirs réciproques, les doux noms de pères, de mères, d'enfans, d'époux : sans tous ces liens qui unissent la société, elle ne seroit pas même compréhensible.

3°. La mort est une source pure de justice ;

elle met un terme aux abus, les corrige en les faisant peser au poids des remords qui les accompagnent jusqu'au lit mortel ; elle rappelle les hommes les plus fiers, et les misérables les plus humiliés, à l'égalité de leur origine, par l'égalité de leur fin ; elle écrase le méchant aux pieds de sa victime innocente, ou le couche près de sa cendre, après l'avoir vengé par les tourmens d'une conscience criminelle qu'elle seule remue fortement pour les intérêts de la justice ; elle console le malheureux qui se désespère, en mettant un terme à ses peines, et en lui ouvrant un espoir consolateur.

O mort ! sublime leçon ! que tu es respectable aux yeux du sage et justement effroyable aux yeux du méchant !

En effet, si, d'un côté, la nature nous a donné une horreur invincible de notre destruction pour les intérêts de notre conservation corporelle ; de l'autre, elle nous laisse une incertitude inquiétante sur les suites de la mort pour les intérêts de notre perfection morale.

Cette crainte, cette incertitude sont fondées sur la droiture intime de notre conscience où sont attachés des regrets pour tout ce qui la blesse, sur la loi instante que nous publie ce bel ordre qui règne dans tous les ouvrages de l'Auteur de la nature, et qui nous annonce, avec ses intentions, la puissance incommensurable d'un vengeur.

Cette crainte, cette inquiétude, ne sont donc pas des foiblesses comme quelques faux braves ont tenté de le persuader ?

Quand vous pourrez vous rendre le témoignage intime, que jamais, dans vos foiblesses, vous n'avez eu le dessein de vous révolter contre les loix de la nature et de la société ; que vous les avez toujours respectées ; que vos chûtes n'ont été que des inconvéniens de votre faillibilité, alors vous n'aurez plus de motif de redouter les suites de la mort ; alors vous rendrez sans frémir votre corps aux élémens qui le composent, vous verrez tranquillement votre intelligence créée remonter au principe qui l'éclaire, et vous rentrerez paisiblement au sein de la nature d'où vous êtes sortis et où rien ne s'anéantit que les systêmes et les chimères.

Aussi la mort du sage qui n'a pas abusé de son être, n'est presque toujours qu'un sommeil sans douleur à la fin d'un jour bien rempli ; à moins que, victime d'accidens imprévus, il ne périsse à la fleur de l'âge, parce qu'alors la nature chez lui pleine de vigueur, en faisant des efforts prodigieux pour le sauver, presse nécessairement sur sa sensibilité physique en même tems qu'elle a néanmoins l'attention de le flatter dans sa sensibilité morale, soit par l'espoir d'un retour à la santé qui ne le quitte qu'avec la pensée, soit par le mérite du courage ou les consolations religieuses.

Mais, si la conscience du méchant lui reproche à la mort des crimes qu'il n'a pas expiés, et le fait entrer dans les convulsions de la frayeur sur les suites incertaines de ce désordre volontaire, n'est-il pas juste que ce dernier frémissement venge au moins les loix de la nature méprisée ?

Son Auteur est trop sage, trop sensiblement actif à nos yeux, pour avoir fait des loix sans rigueur; s'il étoit possible qu'il eût laissé dans le cours de la vie des abus sans aucune expiation, il ne seroit aux yeux de la raison qu'une illusion; s'il ne punissoit pas au moins à la mort, soit par ce regret cuisant qu'il attache à toute mauvaise action, soit par cette affreuse incertitude qu'il laisse au mourant sur le sort qui peut l'attendre au sortir de la vie, c’est-à-dire, au moment où ce *moi*, quittant ses composés, entre dans l’existence immortelle des simples.

Jusqu’où il peut étendre ses expiations sur une intelligence coupable ? C’est son secret ; et ce secret posé sous son sceau inviolable qui ferme à jamais le tombeau, est un tourment de plus pour le coupable qui y entre. Quelle profonde sagesse !

La raison aidée de la nature ne rompt pas ce sceau ; c’est à la religion seule à soulever un peu le voile de cette incertitude.

Ce voile impénétrable que l’Auteur de la nature a jeté sur le principe de vie qui nous anime et sur les suites de la mort, est un coup-d’œil de maître sur nos mœurs. Quelle vigilance sur des créatures libres ! quelle précaution pour les empêcher d’abuser ! Ce coup de foudre retentit jusqu’au fond de la conscience du matérialiste le plus opaque ; car l’incertitude de son système ne peut lui ôter l’incertitude accablante que la nature lui laisse sur les principes qui le composent et les moyens qu’elle peut avoir contre sa révolte aux loix qu’elle lui publie : il trouvera toujours dans cette idée de justice, une convenance de choses, une possibilité d’être désespérante, qui lui arrachera la vaine certitude dont il voudroit étayer son système croulant.

Assurément jusqu'ici les plus grands efforts de la raison n'ont rien démontré sur la prétendue matérialité de l'ame, et ne démontreront jamais rien ; parce que sa nature pensente lui échappe et que des soupçons et des comparaisons avec ce qui n'est pas de la même nature ne prouvent rien.

Convenons de bonne foi que les audacieux qui ont voulu anéantir l'ame avec le corps, ont fait des efforts de génie incroyables, et ne sont pas sortis des ténèbres qui couvrent ce grand secret ; qu'au contraire ils l'ont extrêmement obscurci.

Tous les spéculateurs qui se sont élancés au-delà des limites des connoissances de cette ame qui se cherche, et se sont enfoncés dans la région des abstractions, pour arracher ce secret à la nature, ne nous ont rapporté de-là que des systêmes qui ont augmenté nos doutes, et nulles démonstrations pour les fixer.

Néanmoins, les partisans de l'immortalité ayant pris pour base la nature simple et indestructible des opérations intellectuelles de

l'ame, telles que la pensée, le jugement, etc.
ont été infiniment moins obscurs et plus con-
séquens, en concluant, de ces opérations
simples et inaltérables, que tout principe devoit être de même nature que ses effets, et
conséquemment indestructible et immortel.

Ajoutez à cela que nous ne connoissons pas
tous les principes élémentaires qui constituent les êtres ; mais nous savons que ceux
qui tombent sous nos sens, sont inaltérables
et indélébiles.

Comment donc affirmer seulement que la
cause étonnante de la pensée n'est point une
substance simple, un élément inconnu, ou
qu'elle n'a pas au moins cette propriété des
élémens que nous connoissons? Une preuve
physique qu'elle n'est point chez nous le résultat d'une matière qui change et se renouvelle mille fois dans la vie, par les alimens et
les déperditions, c'est qu'elle reste immuable,
identique, depuis le premier moment qu'elle
s'est connue jusqu'à la mort, dans la mémoire et dans la conscience.

Ajoutez encore que la sagesse de l'Auteur
de la nature est bien plus à découvert dans
un systême qui nous fait redouter ou espérer
un sort plus juste, après la mort, qu'il n'a

paru l'être pendant la vie, soit à l'égard du juste opprimé, que nous avons cru voir malheureux jusqu'au dernier soupir, soit à l'égard de son injuste oppresseur, qui nous a toujours paru couronné de succès. Il est répugnant, sous un Dieu juste, qu'ils trouvent tous deux, à la mort, un sort égal, après une vie si différente.

Cette opinion importante à la sûreté de la société, à la consolation du malheureux, cohérente à l'idée d'un Dieu juste, est fondée en raison ; c'est à la religion à la consacrer comme vérité divine. Nous reviendrons, en son lieu, à cette importante question, que nous ne prétendons pas résolue ici.

Puisque la mort, sur laquelle nous venons de méditer en philosophes, est en même-tems si terrible et si sage, nous devons donc la recevoir avec courage et respect, sans jamais la braver.

On reçoit la mort avec courage, quand, en la considérant comme un des termes de la vie, ainsi que la naissance, on baisse la tête sous le décret de cette dernière nécessité ; quand l'on sait ennoblir, adoucir, par une résignation ferme, ce dernier sacrifice que la nature consommeroit sans nous ; c'est lui ar-

racher le mérite d'une vertu , une jouissance
de plus.

On reçoit la mort avec respect , lorsqu'on
l'envisage comme la sanction qui fait le plus
observer les loix , comme le grand intérêt de
la nature et de la société , bien préférable à
l'intérêt particulier que nous avons de vivre.

Il ne faut pas la braver , puisqu'elle est si
redoutable ; il ne faut pas la desirer avant son
heure, puisqu'elle appartient à l'Auteur de la
nature à qui nous devons compte , ainsi qu'à
la société , du bon emploi de nos jours.

On brave la mort , quand on la cherche
sans motif, et quand on la reçoit sans respect.

Il n'est qu'un motif qui puisse nous faire
envisager le sacrifice de la vie comme une
vertu ; c'est lorsqu'il s'agit d'un bien qui lui
est préférable, et sans lequel la vie ne seroit
plus qu'une mort morale , un avilissement :
ce bien est l'estime de soi-même, ou la considération publique ; bien dont la perte ne se
répare pas.

Mais alors la mort est aussi respectable
qu'elle seroit vaine et méprisable en tout
autre cas.

En effet, la vie d'un homme qui ne s'es-
timeroit plus , ou qui auroit perdu tous ses

titres à l'estime de ses semblables, ne seroit plus qu'un tourment, un opprobre, un crime peut-être. Il faut observer qu'il ne s'agit point icide se donner la mort, nous prouverons plus bas que la morale ne le permet pas; mais de choisir entre la vie et la mort, lorsqu'un tyran nous présente l'opprobre.

Il n'y a donc pas à balancer entre le sacrifice de ses jours et celui de l'honneur, lorsqu'il s'agit toutefois de l'accomplissement d'un devoir moral que les sages de toutes les nations regardent comme infiniment préférable à l'existence animale qui nous resteroit.

Mais il faut bien se donner de garde de prendre des préjugés locaux pour le jugement des vrais sages, ou bien il faudroit approuver en morale les massacres religieux et politiques, les sacrifices humains que se sont permis des nations d'ailleurs célèbres, les repas horribles de l'antropophage qui dévore son ennemi, ou donne, par une piété filiale épouvantable, une exécrable sépulture, dans ses entrailles, aux parens décrépits qui lui ont donné le jour, le dévouement inutile et féroce des veuves du Malabar, qui se brûlent en spectacle sur les cendres de leurs époux.

Toutes ces farces sanglantes n'entrent point

dans les desseins de la nature, et les vrais sages ne sauroient les considérer que comme des écarts monstrueux de la faillibilité humaine, qui piquent la curiosité du vulgaire comme des tours de force extraordinaires.

Le duel, qui oblige l'innocent offensé de prêter la gorge au coupable qui l'a outragé, et cela sous des loix, mérite-t-il quelque préférence sur ces farces, parce que le théâtre où l'on joue celle-là est dans un pays éclairé ? Toute idée de morale et de justice condamne cet affreux préjugé à perdre le nom d'honneur qu'une nation guerrière lui a donné dans des tems barbares.

Enfin, tant qu'on estime son existence honorable et que ce jugement est confirmé par les sages de tout pays, c'est un ordre de la conserver contre lequel les préjugés les plus accrédités ne sauroient prescrire.

Le suicide réfléchi, considéré chez toutes les nations célèbres comme la marque du plus grand courage, ne seroit-il donc aussi qu'un préjugé, et non une vertu ?

Pour répondre à cette question importante d'une manière logique et probante, qui tranche le préjugé par les armes de la vérité, il faut la dépouiller de tout son faux brillant et la réduire à elle-même ; la voici :

L'homme, qui ne s'est pas donné la vie à lui - même, peut-il se donner la mort à son gré ?

A cette question simple, je réponds que sa raison, sa propre constitution physique et morale, les desseins de la nature, ses plus précieux intérêts, ceux de la société où il vit, le lui défendent sévèrement.

1°. Sa raison, cette faculté réfléchie, après lui avoir démontré que la nature toujours sage, toujours conséquente, ne peut lui avoir cédé, contre son dessein manifeste de *conservation*, un droit de *destruction* qui l'anéantiroit, doit au moins lui faire envisager la mort comme le dernier de tous les remèdes à ses peines, à ses malheurs.

Or, pourra-t-elle se dissimuler qu'il lui reste toujours, dans les circonstances les plus pénibles et les maux les plus extrêmes, un calcul de possibilité, ou d'en sortir, ou au moins l'espoir qu'ils finiront? Et si l'extrémité de ses maux diminue ses motifs d'espérance, ne lui reste-t-il pas encore les moyens de les adoucir par la résignation, de les anéantir même par le courage, et de s'en faire un mé-

rite

rite par un beau sacrifice? Enfin, ne lui
reste-t-il pas toujours le pouvoir bien doux
d'ajouter encore une vertu à toutes celles
qui ont embelli sa vie, et de la finir dans le
calme de la patience?

Peut-il sensément mépriser ces utiles et honorables ressources que la nature lui a faites
contre le dernier malheur, et préférer de réduire une créature raisonnable à l'état révol-
tant d'un cadavre assassiné et assassin de lui-
même, exposé à l'indignation publique chez
toute nation civilisée, et livré à la vengeance
des loix qu'il a outragées, ne laissant que
l'opprobre à sa famille?

2°. Sa constitution physique qui se refuse
à lui prêter ses organes pour la détruire, qui
fait entrer en frémissement général toutes ses
fibres pour lui demander la vie, qui repousse
mille fois l'arme meurtrière que sa volonté
coupable entreprend de mettre entre ses mains
homicides, tout son sang qui se soulève contre
ce crime, sont-ce là des défenses équivoques
d'attenter à ses jours, une voix muette, des
expressions incertaines?

Plus cet agent est aveugle, plus il agit à
sens contraire de sa volonté; plus il cherche
à détourner son intention, plus il lui résiste,

Tome I.   S

et plus aussi sa raison doit reconnoître que ce n'est pas lui, mais la nature elle-même ou son Auteur qui lui parle en personne., qui pare tous les coups qu'il veut porter à son ouvrage. Peut-elle lui défendre plus immédiatement tout attentat contre lui-même? Si elle en eût fait plus, elle eût détruit sa liberté et la morale, elle seroit entrée en contradiction avec elle-même.

Mais toutes les autres facultés qui forment la constitution morale de l'homme, parlent encore plus haut à son ame, en faveur de sa conservation et sur-tout de sa perfection. L'une lui montre l'horreur de son crime, lui reproche sa révolte contre la nature et la société, les suites terribles de cette atrocité; l'autre lui présente des vertus à pratiquer, du bien à faire, un degré de plus d'estime à acquérir, l'étude de quelques grandes vérités à approfondir : celle - ci lui présente la palme du courage, le baume de la résignation, les hautes espérances de la religion, etc. La loi qui défend le suicide pouvoit-elle être intimée plus fortement à l'homme?

3º. Les plus chers intérêts d'une créature raisonnable sont sans contredit une existence estimable, tant aux yeux égoïstes de son amour-propre qu'aux yeux appréciateurs de ses semblables. Le meurtre volontaire lui arrache tout cela avec la vie.

4°. Les intérêts de la nature sont la conservation et la perfection de l'être raisonnable et perfectible qu'elle a produit et que le suicide va anéantir par un crime.

5°. Les intérêts de la société où il a été reçu, défendu, secouru, encouragé, protégé, sont, par un juste retour, une vie utile, estimable, exemplaire et vouée au bien public. Mais l'assassin de lui-même brise tous ces liens respectables, renverse tous les devoirs de réciprocité et de justice, scandalise et révolte cette société qui l'a reçu dans son sein. Est-ce là le prix de ses avances à son égard ?

Le suicide ne peut donc être regardé dans les choses humaines que comme l'effet de la rage et de la frénésie la plus épouvantable. O homme ! où vas-tu, lorsque tu brises les principes, ou lorsque, sans eux, tu t'éloignes des desseins de la nature ?

Mais, dira-t-on, n'est-il pas des circonstances où la vie devient un poids insupportable ? N'est-ce pas alors un ordre de la nature de la quitter ?

'Cette question ne regarde pas , sans doute , la mélancolie noire , que l'on nomme *mélancolie atrabilaire*; car , il faudroit la renvoyer aux médecins. Il s'agit donc d'un acte moral , d'un crime réfléchi.

A cela , je réponds que , quand la nature nous fait sentir vivement des maux qui ménacent notre existence , ou nous annonce par des chagrins cuisans , la perte de nos moyens d'exister , c'est , sans doute , pour nous presser d'y chercher des remèdes , et de les adoucir; c'est pour l'intérêt de la vie , et non pour nous porter à l'anéantir.

La nature ne sauroit être contraire à elle-même ; elle produit avec plaisir , elle conserve avec force , elle défend avec courage , elle ne détruit qu'à regret , lentement et imperceptiblement : si cet excès d'accablement ou de sensibilité , dans les peines de la vie , étoit de sa part un ordre de la finir, la sage nature eût donc attaché la mort à l'opinion versatile de l'homme plus ou moins éclairé , plus ou moins sensible , plus ou moins patient , plus ou moins courageux, vertueux, foible ou forcené , qui se tueroit impuné-ment , pour le plus léger motif ?

Tandis que la fortune , ou le sort que ce

fantasque déplore , en s'arrachant la vie , feroit encore le bonheur de mille autres de ses
semblables , qui bien plus dénués que lui ne
se tuent point , et se félicitent, au contraire,
d'une telle existence ; appartient-il à une autre nature qu'eux , parce qu'il tenoit à une
place factice qui s'est écroulée avec l'opinion
qui l'avoit établie ?

Vivez , irréprochables , au milieu de la disgrace ! enveloppez - vous de votre courage ,
contre la rigueur du sort ! et sa dureté vien-
dra se briser ou s'amolir, contre ce bouclier
de sagesse.

Ici finissent les loix morales de la nature ;
et c'est , après l'avoir conduit jusque sur les
bords de sa tombe , qu'elle remet enfin
l'homme entre les bras de la religion qu'elle
lui inspire , pour achever l'œuvre de sa perfection.

CHAPITRE XII.

NEUVIÈME RÈGLE DE MORALE.

L'accord de nos mœurs avec le sentiment religieux.

L'HOMME a-t-il reçu de la nature des sentimens religieux? et quelle influence ces sentimens ont-ils sur sa conduite?

1°. Il est d'expérience, que l'homme de tous les tems, de toutes les sociétés, a toujours professé une religion.

2°. Il est de sentiment qu'il a dans son cœur et dans son ame un besoin, une affection religieuse.

3°. Il est de calcul que ce sentiment qui double jusqu'à l'infini l'intérêt qu'il a de remplir dans sa conduite, les desseins de l'Auteur de la nature, en les mettant en sa présence, sous le coup-d'œil d'un rémunérateur et d'un vengeur, double aussi le principe de la morale, qui acquiert un degré de force de plus sur l'homme religieux; d'où je conclus que cette affection est une de ses facultés réglementaires : reprenons.

D'abord, une vérité d'expérience, attestée par l'histoire des peuples de tous les siècles, et les observations des sages qui ont voyagé, pour examiner en philosophes, et non en hommes prévenus, les mœurs de toutes les nations connues, c'est que par - tout les hommes ont professé et professent encore des principes religieux, vrais ou erronnés.

S'il en est qui disent n'avoir reconnu aucunes traces de religion, dans certaines peuplades ; ou ils n'ont pas été à portée de les suivre assez long - tems, pour former cette assertion en connoissance de cause, de manière à ne pas laisser de doute sur cette exception extraordinaire ; ou ils nous ont parlé de quelques sociétés commencées qui n'étoient encore qu'au premier pas de la civilisation.

On sait que ce pas les arrête long - tems au calcul de l'intérêt présent et palpable de l'existence, jusqu'à ce que le second les mène à la perfection, leur fasse calculer l'intérêt plus éloigné, mais plus étendu et plus consolant que présente la religion.

Encore ne s'agit-il ici que d'un culte national, qui n'est que le résultat social du sentiment religieux qui le précède de beaucoup dans le cœur de l'individu.

Il est tellement d'expérience qu'il faut une religion aux peuples en société, que, si les sages qui cultivent la vraie, négligent de la leur transmettre, ils se feront des dieux aussi ridicules que la grossierté de leurs goûts, aussi absurdes que leur ignorance, aussi atroces que leurs passions déréglées, et les feront adorer à leur manière par ceux même qui auroient négligé cette partie de l'éducation publique.

C'est toujours par la superstition que la foule, sous l'étendart du premier fripon qui la veut guider, règne, par ses atrocités, sur les hommes cultivés, en dépit de toutes les réclamations des sages.

Ces derniers ont donc bien de l'intérêt que la religion de leur pays soit fondée sur des principes incontestables, insubversibles, et n'exige d'eux ni bassesse ni hypocrisie.

En second lieu, une vérité de sentiment, c'est que l'Auteur de la nature a fait de l'homme une créature religieuse.

Il lui inspire cette affection, au moment où, déroulant à ses yeux observateurs le tableau

de ses ouvrages , il s'y voit lui-même en rapport combiné , avec tous les êtres connus ,
conséquemment avec leur Auteur ; au moment où, s'appercevant que le Créateur a laiss
à son intelligence créée beaucoup de dou
parmi quelques vérités , il voit qu'il a rendu
nécessaire l'existence d'une intelligence-principe , devant laquelle tout soit vérité , et en
qui il puisse trouver la solution de ses doutes ;
au moment où , s'examinant dans sa sensibilité , il trouve parmi des affections remplies,
des desirs , des affections sublimes que rien
de créé ne peut remplir , qui lui font tendre
les bras à un père suprême , et sentir la nécessité d'appeler dans son cœur une cause incréée , assez riche en perfections et en pouvoir , pour les satisfaire pleinement ; au moment enfin où , trouvant dans sa faillibilité
des besoins d'appui , de secours et de consolation que rien , sur la terre , ne peut lui
donner , il est porté à s'ouvrir un nouvel intérêt, dans les cieux qui lui présentent en
infini , tout ce qui lui manque ici bas.

En effet , l'homme a reçu une intelligence
dont il ignore le principe , lumière si vacillante , si douteuse sur tant d'objets que la
nature lui présente à demi voilés , qu'il ne

peut se dissimuler que cette demi-lumière n'ait été allumée au foyer d'une clarté supérieure, exempte de doutes, et pour laquelle ces demi vérités sont des démonstrations complettes ; clarté divine qui resplandit sur tout l'Univers, dans la combinaison des ouvrages qu'il y admire et qui exigent un plan préalable et un architecte préexistant.

Le hasard et la fatalité appelés du néant par des êtres qui se disent philosophes, pour mettre à la tête de tant d'ordre et de combinaisons sages, sont, pour la raison des mystères, mille fois plus incompréhensibles que cette intelligence inconnue, mais nécessaire et sensiblement existante.

L'homme est si foible dans ses résolutions, si faillible dans l'usage de ses passions, si incertain dans l'étude de la vérité, qu'il a besoin de remonter au vrai primitif et de s'appuyer sur la bonté et la puissance de la cause qui l'a créé avec tant de défectuosités : il est si sensible, si affectueux, tellement admirateur, qu'il a besoin, pour remplir son cœur, de remonter à la source de toutes perfections, afin d'admirer à son aise, d'adorer, d'aimer l'objet incréé où se terminent toutes ses idées sur le beau, sur le bon, sur l'aimable.

Il est si craintif, à la vue de sa dépendance absolue, du grand Etre, du Législateur invisible qui a gravé des loix dans sa conscience, et qui l'a placé tremblant au milieu d'événemens surprenans et épouvantables, qu'il ne peut se soustraire à la terreur qu'inspire l'idée seule de sa puissance et de sa justice.

Voilà ce qui rend l'homme nécessairement religieux :

Ajoutez à tous les détails de cet intérêt général que lui inspire une cause extérieure, cet intérêt particulier qu'il prend lui-même de trouver un titre à l'immortalité, dans l'horreur du néant dont cette cause infaillible l'a paitri, dans l'amour de ce moi, dans l'intérêt même qu'elle lui inspire, celui d'en doubler le calcul jusqu'à l'infini ; et vous serez convaincu que ce sentiment, dût-il ne paroître aux yeux de l'incrédule, qu'une illusion utile à la morale (ce qui répugne à la véracité d'une cause créatrice) n'en existe pas moins réellement dans le cœur humain.

C'est d'après toutes ces réfléxions, que l'homme religieux, plein de ce sentiment brûlant qui recule pour lui les bornes de la vie, et présente l'infini à ses recherches, à ses jouissances, tombe aux pieds de l'Être immense qu'il vient de concevoir, l'adore et le prie de découvrir, aux yeux de la foi qu'il lui doit, la face inconnue de ces vérités sublimes et piquantes dont il n'a découvert qu'un côté à sa raison.

Assuré de sa bonté, il ose donc l'interroger sur sa nature divine qu'il lui a cachée en ne lui démontrant que son existence; sur la nature de sa propre pensée qui ne se connoît pas elle-même, quoiqu'elle se sente existante sur l'origine et la fin de toutes choses qu'il lui a voilées, quoiqu'il ait livré tout cela à la sagacité de ses connoissances et de ses recherches.

C'est un enfant questionnant son père sur les doutes que ses leçons lui ont fait naître; s'il l'interroge avec l'ingénuité de l'enfance, dans le desir de s'instruire et de se perfectionner, et sur-tout si, exempt de préjugés comme l'enfant qui naît, il n'attend sa réponse que par l'organe d'une raison saine qui ne présente à l'entendement que des certitudes au moins analogiques, et non par une imagination avide de merveilles, qui ne lui présente que des fables; il verra se sou-

lever un peu devant lui , le voile qui lui dé-
roboit la face de ces vérités qu'il n'apperce-
voit qu'à demi, et lui montrer , par une
preuve d'analogie , ce que doit être la face inconnue de la vérité qu'il cherche , par ce qui
est à ses yeux la partie connue.

C'est ainsi que , l'existence nécessaire d'une
première cause intelligente lui étant dé-
montrée par l'existence dépendante de son
intelligence secondaire (ne fût elle-même ,
par impossible , que le résultat incompréhensible d'une organisation étonnante) , frappé
de la beauté régulière , de la combinaison et
des rapports de desseins qui brillent dans le
plan universel de la nature ; il conclut que le
type , le principe nécessaire de tout ce que
nous connoissons de beau , de bon , de vrai,
de juste , en un mot , de parfait , ne pouvant
être limité par personne , doit être, de sa nature , infini en toutes perfections.

De-là , ses attributs divins n'ayant pour
bornes que les contradictoires avec sa sagesse
et ses loix ; de-là , sa puissance à reconnoître,
ses bontés à espérer, ses jugemens à redouter,
sa vigilance sur tout , sa présence à tout , son
règne éternel et immuable sur les âges, sur
les changemens et la mutabilité des êtres

créés ; de là, enfin , sa sagesse elle-même, la seule exempte de séduction et de contradiction : c'est ainsi que Dieu se révèle à la raison qui l'interroge.

C'est encore ainsi que, l'existence d'un principe qui chez lui pense , sent , réfléchit, juge et se détermine , lui étant sensiblement connu , il conclut judicieusement , sous la lumière divine qu'il implore , que ce principe étonnant d'opérations purement intellectuelles, dont il ne voit aucun analogue dans les choses créées, est d'une nature aussi simple, aussi pure , aussi inaltérable que sa pensée ; et conséquemment qu'il demeure justement immortel entre les mains du rémunérateur et du vengeur qui l'a créé libre , c'est-à-dire , maître d'actions morales, motivées, dignes de récompense ou de châtiment : ainsi des autres mystères que la nature propose à la foi.

Ces sublimes vérités , d'une spéculation au-dessus de la commune raison , ne se revèlent qu'aux sages , capables de les approfondir ; mais elles n'ont point toujours été transmises aux hommes , dans la simplicité de leur révélation primordiale.

La plupart des fondateurs de religions

n'ont cru devoir les présenter à la foule que sous des emblêmes mystérieux, d'où ils ne donnoient la clef qu'à quelques adeptes en état de les expliquer et de les faire comprendre à la foule.

Depuis des siècles la politique a fait adopter, pour maxime secrette, « *qu'il falloit* » *brider le peuple d'ignorance, pour le con-* » *duire* » : Maintenant, qu'il est bridé chez nous de tout principe et toujours ignorant, où s'arrêtera-t-il, dans sa course effrenée ? A moins qu'une main habile ne le bride des rênes de la raison, et ne lui mette à la bouche le mord d'une conviction si palpable des vrais principes et de ses vrais intérêts, que le fripon ne puisse plus lui arracher ce frein qu'il sentira nécessaire, et dont même il s'énorgueillira.

Je ferai voir ailleurs combien cette maxime est peu politique ! combien peu elle est dans les intérêts de la société ! combien elle est immorale et absurde, malgré le crédit que l'amour de dominer lui a acquis, parmi même les gens éclairés !

Tant qu'il y a eu des initiés aux mystères religieux chez les anciens, au moins la clef de ces secrets divins ne s'est point perdue, la

pureté de la tradition est demeurée inaltérable ; mais, dès que les fripons ont eu brisé
cette clef, les emblêmes sont devenus des
réalités inexplicables, des sujets de controverses qui ont inondé la terre de sang. Tout
fut dupe ou fripon, depuis le simple fidèle
jusqu'au docteur ; dans les anciennes religions,
la superstition a pris, dans la plupart des
temples, la place de la vraie religion qui s'est
retirée dans quelques ames rares et pures,
jusqu'à ce que la sagesse divine ait daigné se
manifester par elles au genre-humain.

De-là, tant de religions différentes, tant
d'écoles opposées, tant de manières de voir
dans ces obscurités, et de moyens ineptes et
barbares de les faire adopter !

Néanmoins si toutes ces religions dogmatiques ne diffèrent que dans la manière de se
représenter et d'adorer une cause première
dont l'essence ou la nature nous est cachée ;
si elles ne diffèrent que dans les systêmes
qu'elles présentent sur la nature de l'ame et
sa destinée inconnue, et qu'elles se rapprochent en morale où tout est senti et connu,
où tout est point de réunion, il n'y a rien là
qui doive étonner et diviser des hommes raisonnables.

Ah !

Ah ! toute cette fourmillière d'hommes divisée en nations, cessent-ils un instant d'être les enfans d'un même père ! Ils lui parlent à la vérité le langage différent des pays où sa providence les a dispersés ; mais ils ont tous dans le cœur et dans l'esprit, les mêmes motifs de s'aimer en lui et de le servir par leur obéissance aux mêmes préceptes généraux que sa sagesse leur inspire à tous.

Les dogmes révélés n'ont pour but que d'élever l'homme par degrés à la connoissance du suprême formateur, modérateur et législateur que l'univers annonce ; à l'adoration, à la crainte, à l'amour, à la confiance, à la reconnoissance que doivent des créatures imparfaites à l'Être essentiellement parfait.

Arrivés là par des routes différentes, tous les hommes, en présence du père commun, doivent se reconnoître pour frères, puiser dans le sein paternel de son amour, à la source de toute perfection, des motifs plus imposans, plus pressans de s'aimer, de s'obliger, de s'édifier : qu'ils réfléchissent que les mêmes besoins, le même intérêt leur dictent à tous les mêmes vœux à l'Être de qui ils dépendent tous également ; que ce père unique ne les a créés religieux, que pour ajouter ce sentiment sublime à tous ceux qui doivent unir sa famille sous les nœuds du même amour ; sentiment qui présente aux malheureux privés des consolations humaines, des motifs surnaturels d'espérance, et aux méchans qui méprisent ses loix, des motifs surhumains de crainte !

D'où je conclus, qu'il faut considérer les sectateurs des diverses religions de la terre, comme des enfans de la même famille, plus ou moins bien pourvus, plus ou moins éclairés, exprimant à leur manière les mêmes sentimens, en se jetant les uns les autres entre les bras du père qui les a créés et les soutient tous également.

Les dogmes et les mystères portent avec eux leur signification, ce sont des secrets impénétrables ; la raison ne permet pas d'en disputer, et le cœur se refuse à l'aigreur pour des disputes d'objets qui passent nos conceptions ; tandis que l'un et l'autre s'expriment si clairement sur l'amour et l'indulgence que se doivent des créatures semblables, également foibles, également sensibles. L'esprit de parti est une passion fougueuse et altérée de sang, émanée de l'amour-propre le plus exalté, que la raison ne peut jamais adopter, encore moins la religion.

C'est d'après ces réflexions fondées, que je dis aux enfans des hommes, blancs, noirs ou basannés : « Si la religion de vos pères vous » enseigne la morale de la nature, et si ses » dogmes ne vous proposent rien qui y soit » contraire, adorez par-tout dans son temple » avec vos frères, le suprême législateur qui » l'inspire !

» Heureux le peuple, qui dans la vicissi- » tude des événemens a pu conserver les » dogmes et le culte primitif! Mais, pour peu » que le culte des nations chez qui vous » vivez soit innocent, ah ! ne fuyez pas leur » temple ; n'évitez pas de vous réunir d'a- » mour avec vos semblables ; entrez-y avec » vos idées saines, comme les initiés aux an- » ciens mystères, et rendez votre culte à » côté d'eux au Dieu qui vous a formé comme » eux » !

Ce seroit le chef-d'œuvre de la politique et de la philosophie de rendre dans un État la religion dominante aussi rapprochée de tous les hommes pour les réunir : nous revien- drons en son lieu sur cette importante ques- tion ; nous ne traitons ici de la religion qu'en principes généraux, comme règle d'une morale universelle qui appartient à tous les cultes et comme faculté réglementaire commune à tous les hommes : c'est dans la quatrième partie de cet ouvrage que nous nous proposerons de l'examiner plus en détail, et spécialement la religion de notre pays.

En attendant, je dis que cette affection religieuse avec laquelle nous avons été créés, est une faculté de notre nature qui éclaire l'amour de soi, et double d'intérêt son principe d'activité ; je dis que, pour conformer ses mœurs à cette faculté, il ne faut qu'ajouter au motif d'intérêt présent que nous avons d'être fidèles à une morale à laquelle la nature a attaché exclusivement notre bonheur, l'intérêt religieux d'étendre le bonheur jusqu'à l'infini, le besoin vertueux d'adorer le suprême législateur présent à toutes nos actions, de l'aimer comme un père, et dans lui tous les hommes comme frères ; de plaire à un rémunérateur, de craindre un vengeur, et dans les grands sacrifices qu'une triste nécessité exige, de se résigner, de se consoler, en fondant nos espérances sur une bonté divine qui, n'ayant pour bornes que les contradictoires, ne peut point nous manquer.

Alors le principe actif de la morale de la nature, en devenant religieux , double de force.

Mais prenons sur-tout une idée saine de la
religion ; elle tient dans tous les cœurs aux
mêmes sentimens : par-tout où la raison est
saine , elle est identique , et les différens
cultes livrés aux différens caractères des nations , n'en sont que les différens modes pu-
blics ou les différentes manières d'exprimer
le même sentiment ; parmi ces modes, le plus
parfait, le plus vrai , est sans doute le plus
digne de notre raison.

CHAPITRE XIII ET DERNIER.

DIXIÈME RÈGLE DE MORALE COMPARÉE.

L'accord de nos mœurs avec la conduite que l'homme doit observer envers les animaux, en qualité d'être sensible et raisonnable, comme une conséquence moins éloignée qu'on ne le croit communément, de la morale qui l'oblige envers ses semblables.

L'HOMME, par sa raison judicieuse et prévoyante, par sa sensibilité affectueuse et réglementaire, par sa liberté motivée, et surtout par sa sociabilité combinée, bien plus que par son organisation physique, se trouve sur ce globe, à l'égard de tous les animaux, placé au premier rang de l'être.

Voilà certainement un titre flatteur, une distinction noble qu'il ne peut tenir que de la bonté toute gratuite et de la munificence de l'Auteur de la nature.

Or, il ne pourra jamais se persuader seulement, que ce titre purement gratuit, que

ces qualités purement morales, purement dis-
tinctives qu'il tient de la sagesse divine, lui
donnent sur le monde animé un pouvoir aveugle, un règne arbitraire, une propriété barbare que des barbares ont définie : *jus utendi
et abutendi* ; mais il y verra avec reconnoissance, le droit éclairé qu'on lui accorde d'user
modérément des êtres nécessaires, utiles ou
agréables à la vie, et de se défendre avec la
même modération des êtres nuisibles qui le
troublent, selon les desseins toujours con-
sultés de la nature.

D'abord, si le créateur usant de sa bonté
à l'égard de l'homme a voulu le douer de
ces qualités éminentes qui le mettent si fort
au-dessus de toutes les autres créatures de ce
globe, qui le placent au premier rang dans
la chaîne des êtres ; s'il a destiné plusieurs
de ces êtres à charmer ses ennuis, à l'aimer,
à l'accompagner, à lui rendre ses jours agréables, à animer pour lui les espaces, à faire
retentir les échos; d'autres à l'aider, à seconder ses efforts impuissans ; ceux-ci à le vêtir
de leurs toisons, à le parer de leurs orne-
mens, à l'enrichir de leurs trésors, à le nourrir de leur lait, de leurs petits ; que dis-je ?
hélas ! de leur existence innocente qui est

T 4

tout leur bien ; il en a destiné beaucoup d'autres pour une fin qui est tellement étrangère
à l'homme , qu'ils n'existent qu'aux dépends
de ses propriétés , de son repos , même de sa
propre substance.

Cette créature privilégiée, éclairée et sensible , comblée de tant de bonté, conclura-
t elle contre la sagesse de son auteur, contre
les expressions de son propre cœur et les lumières de sa raison , qu'on a voulu lui céder
par-là une souveraineté absolue, aveugle et
barbare sur des êtres aussi sensibles qu'elle,
et qu'on l'a constituée le centre et la fin de
la création , le roi de la nature ?

La sagesse divine, comme nous l'avons dit,
ne peut pas être contraire à elle-même : une
preuve de fait qu'elle n'a prétendu céder à
l'homme aucun règne absolu sur ces créatures
moins bien dotées que lui, c'est que c'est elle-
même qui les conduit sans nous et sous nos
yeux à ses desseins par un instinct et des
moyens infiniment plus justes, plus sûrs et
moins faillibles que ceux qu'elle a dû laisser
au choix de notre raison et à la détermination
motivée de notre liberté morale ; c'est elle qui
pourvoit sans nous à leur conservation , avec
un soin si particulier que leurs armes pour se

défendre , leurs moyens d'éviter le danger ,
leurs outils pour subsister font parties d'elles-
mêmes ; c'est elle qui les couvre et les habille
avec une bonté , une prévoyance et souvent
une magnificence qui nous annoncent combien elles lui sont chères , et combien elle desire qu'elles nous intéressent aussi ; c'est elle
qui leur a donné mille moyens , tantôt de
nous échapper , de se confondre avec le sol
qu'elles habitent , tantôt de nous effrayer , de
nous étonner , et si souvent de nous toucher
pour nous désarmer , pour demander graces
en son nom à la sensibilité de notre cœur ,
contre la voracité de notre estomach , contre
la recherche sensuelle de nos appétits , ou les
les fantaisies de notre mutabilité libre.

Barbare ! quand une tendre mère jette des
cris alarmans et déchirans près de sa famille
chérie que tu vas lui enlever pour la dévorer
ou la tourmenter ; quand , pour désarmer ta
fureur , elle se présente elle-même sous tes
coups ; quand , feignant d'être blessée , elle te
fuit à peine te laissant toujours l'espoir de
l'atteindre pour t'attirer loin du lieu où ses
petits avertis sont tapis tremblans à deux pas
de toi ; quand une autre chargée de ce dépôt
précieux l'emporte avec peine , ou le cache

avec précaution ; quand ton chien couché sous tes coups, lèche la main, l'arme même qui le meurtrit, ou s'expose à la mort pour te défendre, ou périt de chagrin de t'avoir perdu ; quand ton cheval te sert au-delà de ses forces jusqu'à mourir pour t'obéir ; quand à ton aspect l'oiseau que tu as élevé témoigne sa joie, battant des aîles et t'offrant un baiser reconnoissant ; quand mille autres espèces te présentent, les unes leurs mamelles tendues, les autres leurs molles toisons, celles-ci leurs jolies parures, celles là leurs trésors précieux, pour te demander seulement ou la vie, si leur mort n'est pas nécessaire au soutien de tes jours, ou en ce cas au moins une mort prompte, exempte de douleurs inutiles ou de tourmens cruels : est-ce-là, ingrat ! un langage équivoque de la nature, une loi insignifiante, qui puisse laisser ignorer ses desseins à un être sensible et raisonnable ?

Peut-elle, en effet, prendre la défense de ces innocentes créatures en termes plus énergiques contre l'abus de notre liberté ? Pouvoit-elle nous annoncer d'une manière plus expressive les droits qu'elle s'est réservés contre les prétentions de notre amour-propre ? Quoi ! elle seroit sage, et elle auroit cédé sa souveraineté maternelle sur tant d'êtres sensibles à une créature libre , nécessairement plus vorace, plus égoïste , plus passionnée qu'eux tous !

Je dis nécessairement, parce que, l'homme étant destiné à habiter ou à parcourir toutes les contrées de la terre , il a dû être pourvu d'un estomach et d'appétits propres à toutes nourritures; parce qu'étant libre, il a dû trouver dans des passions fortes, des motifs plus pressans d'actions et de déterminations ; mais aussi en éclairant cette créature plus que les autres , sur ses vrais intérêts , sur son vrai bonheur uniquement attaché à l'accomplissement de ses desseins , cette créature raisonnable doit voir d'un coup-d'œil ce qu'elle est dans la nature par rapport à tous ces êtres, et laisser échapper de ses mains le sceptre destructeur et le titre présomptueux d'un règne absurde et ridicule que son orgueil lui avoit fait usurper , et que la sagesse divine n'avoit pu lui accorder.

L'homme doit voir, à n'en plus douter, qu'étant dans l'univers un point imperceptible sur son petit globe, lui-même inconnu à tant d'autres mondes qui fourmillent dans l'espace à des distances si énormes qu'ils sont à jamais perdus pour lui ; que, se trouvant même sur cette terre qu'il considéroit comme son empire, en contradiction sensible avec les corps, les météores, les accidens qui lui nuisent, avec les animaux (ses prétendus sujets) qui le dévorent, le tourmentent ou lui disputent ses alimens, il doit voir enfin qu'il n'est ni le centre de la création, ni le roi de la nature, ni la fin de tant d'êtres qui lui échappent, qu'il ignore et de qui il est ignoré, ou qui le contredisent et lui nuisent de tout leur pouvoir, cela étant dans leur besoin et leur intérêt ; il doit voir que tous ont une existence indépendante de lui et qui a un autre rapport, un autre centre que lui ; que ce centre ne peut être que l'Auteur de la nature qui a voulu créer dans toutes les nuances de l'être, et qui seul en connoît l'ensemble et toute l'harmonie.

Reporté par ces réflexions judicieuses dans le cercle où l'a placé la nature, il voit avec reconnoissance qu'il est sur son globe au premier rang de l'être, bien moins par un physique plus dénué que les autres espèces, que par des qualités et des facultés morales, lumineuses, réfléchies, sentimentales, sociales et réglementaires qui lui ont asservis la plupart des animaux et l'ont fait craindre du reste. Content d'un si beau sort, d'une préférence si marquée, qu'il tombe aux pieds du père commun de tout ce qui respire, et lui rende hommage pour toutes les créatures qui ne le connoissent pas comme lui; qu'il lui jure d'étudier dans ses desseins, toujours d'accord avec son bonheur, les droits que sa bonté, que sa sagesse a pu lui accorder sur les êtres qu'il lui a permis de dompter.

Il verra alors, que le seul titre qui lui donne des droits sur les animaux, est cette supériorité en lumières, en prévoyance, en moyens, en expéditions, en réunion de forces combinées dont la nature l'a doué et par laquelle de fait il les a domptés les uns par les autres et continué à se les asservir et à les dominer.

Ceci, dira-t-on, paroît annoncer non-seulement une supériorité naturelle, mais un droit de conquête et un titre de force. Or, un tel droit peut-il être soumis aux règles d'une morale qu'il doive suivre à leur égard?

A cette question, j'en oppose une autre: l'homme peut-il conquérir sur la nature, et ses forces et ses moyens qu'il tient d'elle;

peuvent-ils lui donner des droits qui anéan-
tissent les siens et qui détruisent ses desseins
manifestes ? Je passe à la réponse.

Certainement, une créature privilégiée ,
placée par sa raison, sa sensibilité et sa liberté , au-dessus de tous les animaux, ne
peut sans blesser l'une ou l'autre de ces qualités réglementaires , abuser de cette supériorité morale , pour détruire sans motifs ,
les productions de la nature et faire souffrir
sans nécessité , des êtres innocens, organisés
pour le plaisir et la douleur comme elle.

Puisque l'homme n'excelle la brute que par
des qualités et sur-tout par la raison et le sentiment moral , son autorité sur ces êtres sé-
condaires n'est donc qu'un règne de raison
et de sensibilité , non de froide et barbare
destruction. Or, il est de toute certitude que
ce règne se borne à user sans abus de la terrible destinée de ces pauvres créatures à
notre égard : voyons en êtres sensibles quelle
est cette destinée !

Hélas ! on voit bien que la nature les a
asservis à ceux qu'elle a rendus capables de
les dompter 1°. *pour les aider de leur force ;*
2°. *pour augmenter leurs jouissances et char-*

mer leurs ennuis ; 3°. et malheureusement *pour les nourrir de leur propre substance.*

Mais, en nous accordant ces droits immenses sur tant d'espèces, la nature nous a donné un cœur et une raison qui nous parlent hautement pour eux ; qui nous reprochent et nous tourmentent en raison des souffrances que nous leur faisons essuyer ; qui nous font au contraire une loi précise de plaisirs et d'intérêt 1°. *de donner des soins à ceux qui partagent nos pénibles travaux ;* 2°. *d'épargner des maux , des privations , des chagrins à ceux qui font nos plaisirs et nos jouissances ;* 3°. et sur-tout *de ne point frapper de douleurs inutiles d'une manière barbare et cruelle , les victimes que la nécessité seule peut nous permettre d'immoler à la faim.*

Ainsi la nature , toujours d'accord avec une raison saine , réduit le droit de vie et de mort qu'elle a pu nous céder sur ces êtres sensibles , à ne leur ôter l'existence qu'elle leur a donnée , à ne les tourmenter que quand notre repos , la conservation de nos propriétés et la nécessité de vivre , l'exigent impérieusement , mais sans froide et inutile barbarie.

Je crois impossible à une créature sensible
et raisonnable d'étendre plus loin ses droits
sur ces malheureux êtres, sans blesser la morale, sans outragér la nature, sans contrarier la raison, sans contrister son cœur, et
conséquemment sans injustice et sans crime
contre la nature.

J'entends crier au paradoxe sur cette dernière règle de morale, foudroyée par l'autorité d'un usage contraire auquel une uni-
versalité d'exemples sans remords et une antiquité épouvantable semblent avoir donné
force de loi ?

Premièrement, avant de regarder cette
règle de morale comme un paradoxe, il faut
en détruire le principe et convaincre de faux
le raisonnement qui l'établit : et si je vous
prouve, au contraire, qu'il a toute la justesse et tous les caractères d'une vérité qu'on
ne peut nier seulement, n'aurai-je pas le
droit de vous demander à mon tour : « Si le
» faux peut prescrire contre la vérité ? l'in-
» juste contre la justice ? l'abus contre l'or-
» dre ? le crime contre la vertu ? l'homme
» contre la nature ? la nature contre elle-
» même, ou la perversité de cet être contre
» son auteur ? et si l'on peut citer contre
» des

» des principes aussi irréfragables , la fré-
» quence de l'abus ? la masse des tems accu-
» mulés sur des monceaux d'atrocités , et
» cela précisément , parce que le foible si
» long-tems opprimé, n'en peut appeler qu'au
» cœur et à la raison d'un oppresseur libre ,
» qui n'a d'autres freins , et qui sans celui-là
» peut tout en abus ? »

Quoi ! parce qu'il y a des siècles que la
presque totalité des hommes écrase , meurtrit, tourmente toutes les autres espèces ,
et leur imprime par des douleurs inouies les
marques de cette supériorité qu'ils prétendent que le père universel leur a donnée dans
la famille des êtres sensibles ; une proposition si
horrible cessera d'être fausse , une vérité anté-
rieure et éternelle s'éclipsera sous des siècles d'a-
bus, l'homme à force d'atrocités cessera d'être
injuste, la sagesse divine, fatiguée, le cédera à
la fin à la brutalité d'un être qui agit contre
les réclamations de son cœur et de sa raison ;
et à force de révoltes les réclamations cesse-
ront dans le code de la nature d'avoir force
de loi pour une créature raisonnable et sensible !

Ah , qu'on ne prétende pas assimiler le
droit naturel au sort du droit positif qu'un

commun usage contraire abolit ! qu'on ne
prétende pas que la race humaine a ainsi
unanimement prescrit contre ce principe
d'humanité envers toutes les autres races !
Il est encore en vigueur dans le cœur humain , et il y a toujours été.

J'appelle en preuve de la force de cette loi
de la nature , en preuve qu'on ne prescrit
pas contre les principes , 1°. la secte ancienne et célèbre des Pithagoriciens dont
la doctrine fut adoptée religieusement et
civilement par des peuples , par des nations
entières qui l'ont suivie et la suivent encore
depuis tant de siècles dans diverses contrées
de la terre ! Là les animaux furent et sont
encore ménagés , respectés même jusqu'au
fanatisme , jusqu'à l'adoration , tant les
hommes sont extrêmes.

Ce philosophe qui les connoissoit bien ,
pour soustraire d'innocentes créatures à leur
voracité , à leur tyrannie, leur a prêché le
dogme innocent et même ingénieux et moral de
la méthempsicose, en leur disant : «Vos ames,
» selon que vous avez bien ou mal usé de
» la vie , passeront successivement dans·le
» corps d'un animal plus ou moins parfait,
» jusqu'à ce qu'ayant expié tous leurs cri-

» mes , elles aillent animer le corps d'un
» riche , d'un roi, d'un philosophe.

Par-là les philosophes de cette école, obte-
noient deux choses essentielles de leurs sectateurs , « de la *morale* et de l'*humanité* » pour
tout ce qui sent et respire.

« Si vous faisiez du mal à un seul de ces
» êtres , leur disoient-ils , si vous lui arra-
» chiez la vie pour le dévorer , vous contris-
» teriez et vous feriez souffrir , vous man-
» geriez peut-être votre père , votre ami ou
» l'un de vos ancêtres : » et ces peuples doux,
d'après de tels dogmes , ne se sont jamais
permis et ne se permettent encore aucun
meurtre , aucune nourriture de ce qui a eû
vie ; bien au contraire , on les voit faire religieusement des fondations pieuses en faveur
des animaux malades ou vieillis à leur service , et les loix autorisent ces dispositions
innocentes et humaines.

Jugez si, parmi de tels hommes, on a à
punir comme parmi les peuples repus de sang,
un seul homicide ? et s'il étoit vrai , comme
je ne le crois pas, qu'il fallut tromper les
hommes pour les conduire au bonheur social,
fut-il jamais mensonge plus utile et plus par-
donnable ?

V 2

2°. Je cite encore en preuve de la vigueur de la loi naturelle qui protège les animaux contre l'abus de notre liberté morale, non-seulement ce petit nombre de vrais philosophes éclairés par la nature pour rectifier les erreurs du grand nombre ; mais cette classe infiniment plus nombreuse d'honnêtes gens de toutes les nations, de toutes les religions, en qui l'éducation a perfectionné la nature humaine, qui tous pensent, écrivent, agissent selon les douces impressions du cœur et de la raison, en faveur de ces êtres sensibles ; et s'il y en a beaucoup d'entr'eux qui mettent du choix, de la partialité même dans l'exercice de ce genre d'humanité, selon les espèces qui se r'approchent ou s'éloignent le plus de l'espèce humaine ; ou c'est qu'ils n'ont point achevé de cultiver assez leur esprit et leurs connoissances en physique, ou c'est qu'ils n'ont secoué qu'à demi les préjugés de l'amour-propre ; mais ils ne reconnoissent pas moins le principe de cette loi conservatrice de la nature.

Et vous, sexe charmant! qui avez dépouillé les hommes de leur férocité ; vous, de qui ils doivent prendre des leçons de sensibilité ; vous, que la nature a douées d'une tendresse si expressive et si détaillée pour les intérêts de la maternité ! protectrices nées de tout ce qui étant foibles comme vous n'a pas reçu le même empire sur la force ; plus vraiment reines de toute la nature animée par votre douceur enchanteresse, que nous n'en sommes les prétendus rois par l'abus de nos forces : c'est dans votre cœur que la nature publie encore, avec toute son énergie, la loi que j'invoque en faveur des êtres sensibles et que les hommes prétendent avoir abolie à force de l'avoir méprisée ! Appuyez, de tout votre crédit sur le cœur humain, les justes réclamations que je fais au nom de la nature, contre cet abus épouvantable qui rend notre espèce, quoique douée de raison, le fléau dévastateur de toutes les autres espèces que nous croyons privées de toute intelligence, et ajoutez à l'exemple constant de soins, de bienveillance même extrême, que vous avez toujours prodigués aux heureux animaux qui vous entourent, une éducation plus conséquente et plus soignée de vos fils à cet égard ! Comptez qu'ils ne seront vraiment bons envers leurs semblables, que quand vous les aurez rendus bons ou au moins modérés envers tout ce qui respire et sent

comme eux ! O vous qui venez de rendre à
la nature humaine et sur-tout à notre sexe,
des services si touchans , si généreux , si
pleins de courage dans cette affreuse révolution qui a anéanti nos forces et notre énergie , sous le poignard de la terreur , rendez-
nous humains pour tout ce qui est sensible
dans la nature, et comptez au nombre de vos
jouissances tous les maux que vous épargnez
aux êtres qui en sont susceptibles (1) !

---

(1) A Metz, depuis une antiquité dont on ignore
l'époque , on avoit la coutume barbare de brûler vifs,
et à petit-feu , des chats dans une cage de fer implan-
tée sur une haute perche autour de laquelle on dressoit
plusieurs cents de fagots : et tous les ans, la veille de
S. Jean-Baptiste , toute la garnison sous les armes ,
le corps de ville présent, le gouverneur et le maire-
échevin y mettoient le feu au son des cloches , au bruit
du canon et de la mousqueterie. Alors, la joie et les
cris du peuple se mesuroient sur les douleurs, les mouvemens convulsifs et les cris horribles de ces pauvres
animaux rôtis. Enfin vers 1765 , la jeune et belle épouse
du marquis d'Armantières , alors gouverneur, obtint,
après des siècles , la grace de ces innocentes créatures
et l'abolition de cette fête de cannibales , fondée ,
dit-on , sur ces paroles de l'Evangile : *in nativitate*

3°. Je cite enfin, en preuve de l'imprescriptibilité de cette loi naturelle , cette foule d'hommes et de femmes de toutes les classes de la société humaine, même les plus négligées , les plus près de la brutalité et de la férocité, à qui la nature non-seulement ne permet pas de tuer , mais même de voir couler le sang d'un poulet sans faillir et s'évanouir.

Monstres à face humaine ! meurtriers de l'univers ! bourreaux réfléchis ! voyez donc si une loi de la nature s'abolit comme une autre ! Si je ne puis vous guérir de cette rage cruelle par des convictions et des exemples aussi frappans , au moins j'ai ôté à cette férocité tout prétexte, et l'ai réduite au crime.

Mais comment la race humaine s'est-elle aveuglée au point de paralyser son cœur et de pervertir sa raison sur cette loi expressive ?

____

ejus multi gaudebunt. Les caffards de ces siècles pouvoient-ils plus abuser des paroles et des pensées , à moins de faire brûler des hommes, comme leurs prédécesseurs les caffards Druides ?

V 4

C'est, le croiroit-on, sur un simple paradoxe saisi par l'amour-propre, et présenté
par cette race impure de faux docteurs qui,
dans tous les tems, ont cherché à abrutir
l'homme pour le dominer jusques dans l'ame.

Ils ont commencé par lui dire : « règne !
» écrase, abuse de toute la nature ! Nous
» t'en cédons l'empire, à condition que nous
» régnerons sur toi » !

A cette condition, ces épouvantables ambitieux, ces ennemis-nés de la nature, ont
publié à l'orgueil humain, passion aisée à
capter, que l'homme étoit le centre, la fin
unique de toute la création, le seul objet intéressant des desseins du Créateur ; que tout
avoit été fait par lui dans cet univers infini ;
que tous les autres êtres, qui lui paroissent
organisés et animés comme lui, n'étoient que
des *machines* mûes immédiatement et con-
tinuellement par l'Auteur de la nature, pour
multiplier ses jouissances sans bornes, et
que ces automates, quoique semblables à
nous en anatomie, étant dépourvus d'ame,
ne pouvoient avoir en eux aucun centre de
rapport où le sentiment du plaisir et de la
douleur, qu'ils expriment si bien, puisse se
porter, être conçu, comparé et jugé ; qu'ils

n'en ont reçu que le masque et les grimaces pour nous faire rire.

Et c'est d'après ce pitoyable abus de la raison, que nous nous sommes permis de faire des essais cruels et barbares sur la sensibilité prétendue apparente de ces innocentes créatures, et que les expressions énergiques et profondes de la douleur trop réelle que nous leur faisons éprouver, font rire notre pauvre espèce......

« O monstres, qui l'avez dégradée à cet ex-
» cès pour la dominer ! vous avez crû régner
» sur des hommes, et ce n'est qu'un trou-
» peau de bêtes féroces que vous avez en-
» chaîné dans votre ménagerie que vous
» appelez votre Empire ! Voyez maintenant
» parmi nous ce que sont les hommes qu'une
» révolution a déchaînés ! et s'ils ne portent
» pas jusques sur vous et sur leurs semblables
» l'effet des funestes leçons que vous leur
» avez données sur les autres espèces !

» O vous, mes concitoyens, couverts de
» sang, avides de sang, repus de sang ! que
» je vois en orgie, en festin, assis autour
» d'un cadavre que vous dévorez des yeux !
» faites entrer le bourreau gagé qui a osé de
» sang-froid l'immoler lentement à votre sen-

» sualité, afin que toutes ses fibres sensibles,
» tous les canaux qui les arrosent de ses sucs,
» vivement trémoussées par la douleur,
» distendues et gonflées, vous présentent une
» chaire plus tendre et plus succulente ; de-
» mandez-lui si, lorsqu'il enfonçoit par se-
» cousses ménagées le fer meurtrier dans
» son sein, ce pauvre animal ne lui a pas
» marqué par des cris redoublés, par des
» mouvemens gradués jusqu'aux convulsions
» horribles, tous les degrés de la douleur
» que son poignard faisoit éprouver à sa sen-
» sibilité ? et cela d'une manière aussi ex-
» pressive qu'un patient sur la roue.

» Avant de vous repaître, avec une joie
» barbare du produit de ses douleurs, or-
» donnez qu'en le dépeçant anatomiquement
» à vos yeux, il vous démontre qu'ayant la
» même structure, les mêmes organes que
» vous, il doit avoir aussi le même senti-
» ment.

» Voyez ces nerfs crispés qui étendoient
» leurs houpes sensibles dans tous les tissus
» de la peau qu'on lui a enlevée ; ils ont reçu
» tous les détails de la douleur graduelle et
» réfléchie que l'instrument meurtrier leur
» a imprimés en les déchirant ; suivez, à leur

» gonflement, ces organes de la douleur,
» et voyez comme cette douleur inexprima-
» ble, après avoir circulée dans tous les
» contours et les parties de son être, a con-
» tracté ce cœur sensible, en redoublant les
» coups de pistons qui l'ont injecté de ses
» sucs pour irriter votre appétit ; et de-là,
» voyez comme s'est porté par ses nerfs gon-
» flés, livides et mêlés de sang, le sentiment,
» la connoissance de tout le détail de cette
» douleur, jusqu'au cerveau ou à la moëlle
» épinière qui en est un prolongement ; et
» dites-moi si vous êtes autrement construits?
» et si des canaux destinés à porter le senti-
» ment dans un centre de connoissance pour
» y déterminer des actions ; si ces organes
» ainsi meurtries, ainsi crispées, n'y ont rien
» porté chez cet animal ? et si les cris et les
» convulsions qui ont accompagné ces mou-
» vemens internes, n'ont rien exprimé chez
» lui ?

» Mangez maintenant sans troubles, si vous
» le pouvez, les lambeaux défigurés d'un
» être qui a éprouvé tant de douleurs pour
» vos plaisirs ! Et si vous achevez ce festin,
» sans vous plaindre au moins à la nature
» de la triste nécessité de vivre de victimes,

» je dirai que vos docteurs vous ont rendus
» machines plus méprisables que l'animal
» que vous dévorez ».

On voit bien dans la fécondité prodigieuse
de certaines espèces, que la nature en a sensiblement destiné le surcroît à la nourriture
des autres espèces : car toutes les parties de
la terre et des mers ne suffiroient pas à les
contenir, et ne produiroient pas pour les
substanter.

Mais, me direz-vous, « n'est-ce pas une
» contradiction manifeste, une cruauté re-
» prochable à la sagesse de la nature, d'avoir
» donné l'être à tant d'animaux nuisibles
» qui s'arrachent la vie et se dévorent mu-
» tuellement » ?

Je vois, dans cette disposition qui étonne ma
raison et afflige mon cœur, un dessein prodigieux de produire et d'animer dont je ne connois pas la fin, et conséquemment que je ne
puis blâmer : alors ma raison voit dans ce plan
de production, entretenu par la destruction
et la reproduction, une richesse de puissance
et de moyens, pour disséminer la vie à une
plus grande quantité d'êtres, pour animer,
d'une manière bien plus assurée et plus riche, toutes les parties de l'univers, et pour

mieux pourvoir à la subsistance et à la conservation des espèces au prix de quelques
individus.

J'avoue que ce prix est énorme pour celui
qui le paye ; mais je ne sais pas quelle valeur
y attache celui qui l'exige , pour oser con-
trôler ou rectifier son calcul. Je vois bien
qu'en voulant produire tous les êtres que je
connois et que je soupçonne , il falloit bien
qu'il leur fît trouver , dans le règne animal ,
la nourriture que les autres règnes de la nature ne pouvoient leur produire sur ce globe ;
qu'il ait sensiblement destiné plusieurs espèces à se nourrir d'autres espèces. C'est ce
qu'annoncent aussi les outils , les armes ,
les appétits divers , l'industrie et les moyens
dont il les a pourvus : les carnivores , les gra-
nivores , les frugivores sont organisés pour
ces différentes nourritures.

L'homme seul , destiné à vivre par-tout , a
reçu de la nature des appétits et des instru-
mens propres à ces trois genres de nourritures : son estomach est spécifiquement plus
musculeux, plus agacé de divers fluides gas-
triques , que celui de l'éléphant puissant et
du lion dévorant ; sa bouche est garnie de
dents incisives pour les fruits , canines pour

la chair, et molaires pour les grains ou leurs produits.

Cette construction annonce un animal dont l'existence importe au systême vital ; c'est le premier animal des trois genres : mais aussi s'il en a par réflexion toutes les qualités, il en aura bientôt toutes les passions, s'il néglige de consulter la faculté éclairée qui le met si fort au-dessus de toutes ces espèces ; et si la nature ne l'avoit doué de raison, il seroit le bourreau de lui-même et le destructeur cruel de tous les genres : une telle production répugne à sa sagesse.

Puisqu'il est à la tête des trois genres qui se disputent leur nourriture sur la terre, il est donc aussi le premier des animaux qui vivent de leurs proies. Cependant, puisqu'il a le pouvoir de satisfaire ses appétits sur les deux autres genres innocens, il doit être le moins vorace dans chacun de ces genres ; son cœur et sa raison lui disent assez haut qu'une nourriture qui exige des cruautés est la dernière ressource de ses besoins ; et lorsqu'il s'agit d'en faire usage, certainement ni ce cœur, ni cette raison ne lui permettent d'être plus inhumain, plus barbare, plus cruel que les bêtes féroces.

Je rougis d'envoyer l'homme à cette terrible école ; mais qu'il les examine lorsqu'elles
se précipitent sur leur proie, et qu'il voie si
elles se font, comme lui, un jeu, un art, un
système, un délice de ses souffrances ! Leur
premier soin pour s'assurer cette proie est de
lui trancher la vie avec toute la vivacité et
la célérité dont elles sont capables, et souvent
on n'entend d'elle qu'un cri coupé par la
mort. Il y a contre cette assertion quelques
exceptions bien rares de quelques animaux
repus qui s'exercent sur celle-ci à en prendre
d'autres ; mais ce n'est jamais comme nous,
pour assaisonner sa sensualité ou satisfaire
sa cruauté.

« Et toi, brutal intelligent ! tu fais sur ces
» misérables créatures des essais en tourmens,
» un cours de tortures, par froide curiosité ;
» tu assaisonnes leur chair du piquant de leur
» propre douleur, et tu tires de leurs maux
» inexprimables le goût et la joie de tes fes-
» tins ; tu en fais un art à tes domestiques ;
» tu élèves tes enfans sans remords dans ta
» cruauté, dans ta soif du sang, dans tes
» besoins de meurtres et d'assassinats ; aussi
» profitent-ils bien de tes horribles leçons.

» Dès que ton fils bégayant peut serrer la

» main, tu lui livres de jeunes animaux à
» tourmenter ; ce sont les premiers essais de
» sa royauté que tu lui vantes ; et dès que ses
» pas peuvent le soutenir, il court comme
» les ours chercher non des proies, mais des
» victimes ; il monte, en grimpant comme
» eux, pour aller égorger dans leur nid des
» innocens qui lui demandent à vivre ; en
» vain une mère éplorée, s'approchant de
» branche en branche, lui demande grace
» pour ses chères productions : éloquence
» perdue, le petit monstre égorge impitoya-
» blement les uns et réserve les autres à des
» tourmens ou à une captivité plus barbare
» encore ; bien plus, s'il ne les trouve pas
» éclos, il brise, il écrase, il détruit avant leur
» naissance, l'espoir d'une race entière.

» Voilà votre fils qui vient d'apprendre à
» vaincre le plus doux sentiment de son
» cœur, les reproches les plus sages de sa
» raison, pour venir se vanter devant vous
» de son héroïsme meurtrier ; voilà ses pre-
» miers essais pour vous passer en férocité !
» Croyez-vous que cette éducation ne nuira
» jamais à la tendresse, à la piété filiale qu'il
» vous doit ; à la compassion, à la douceur,
» à la miséricorde, à l'indulgence qu'il doit

à

» à ses semblables, et dont il aura lui-même
» un jour si grand besoin » ?

Ah ! n'est-ce pas assez, n'est-ce pas même
trop de vivre de membres dépecés et aux dépends de l'existence, seul bien de quelques
malheureux êtres ! Faut-il encore y ajouter
l'assaisonnement et la somme des douleurs ?

« Tuez donc, puisqu'il le faut pour vi-
» vre ; je frémis en prononçant ce mot :
» mais tuez promptement ! Et si vous voulez
» faire usage de vos moyens industrieux,
« imitez au moins les monstres qui ont égor-
» gé la France dans ces jours horribles ; ima-
» ginez ce qui peut, dans vos boucheries,
» trancher la vie avec le moins de douleurs
» et le plus de célérité » !

Ah ! puisque nous nous vantons de notre
philosophie, et que nous traitons nos ancêtres
de barbares, expions donc leurs crimes contre
la nature animée et sensible, en proscrivant
à jamais de nos usages, les tourmens dont
ils nous ont laissé l'exemple et la leçon à
l'égard de ces créatures si intéressantes, si
près de nous, si semblables à nous dans tout
le système nerveux et sensible ! Expions leur
erreur, en vouant à l'exécration de toutes
les générations, les barbares hypocrites qui

Tome I,   X

leur ont dit : « tuez, écrasez, elles n'ont
» point d'ames à sauver ; ce sont des ma-
» chines sans sentiment et sans jugement,
» qu'on peut briser et froisser impunément
» malgré leurs cris et leurs convulsions ! ré-
» gnez sur elles, rois de la nature ! et du
» reste abandonnez-vous à nos soins pater-
» nels » ! Les perfides !....

Oui, je le desire, et je crois ce desir vertueux ; je desire que la législation, qui n'a
pas cru se compromettre en donnant des édits
sur la riflerie et la châtrerie des animaux,
regarde comme digne d'elle et utile à la perfection des hommes, une loi qui protège les
êtres que la nature nous recommande par
leur foiblesse, leur sensibilité, leur utilités
parlantes à notre cœur et à notre raison.

Qu'on réprime, qu'on éloigne, qu'on tue,
s'il le faut, les animaux nuisibles ! qu'on
défende, qu'on protège les classes innocentes ! qu'on conserve les utiles ! qu'on immole
les nécessaires à la vie ! mais qu'on règle
même les boucheries à cet égard, et qu'on
épargne à tout ce qui souffre des douleurs
inutiles !

Je crois que ce respect pour l'existence,
ce ménagement de la sensibilité animale,

augmenteroit de beaucoup l'énergie de ce beau sentiment d'humanité qui nous intéresse à notre semblable, et qui nous défend d'attenter à ses jours.

Je vois nos hypocrites, à la tête de leurs dupes, lever la massue du ridicule, agiter ses hochets en riant d'une manière aussi sotte que perfide de ma proposition.

Mais on ne ridiculise pas impunément les loix de la nature; mes principes sont pris dans son code, dans la constitution physique des animaux, et dans la constitution morale de l'homme; ils sont bien antérieurs à vos préjugés! Aussi anciens que la nature, ils dureront autant qu'elle; ma proposition est de rendre l'homme bon et irréprochable, dût-il l'être à l'excès.

Faut-il que, dans l'espèce humaine, les plus grands ennemis du bonheur et de la perfection soient des hommes qui veulent l'asservir? En tout cas, je me suis acquitté envers elles: voilà, en dépit de ces ennemis de l'homme, les principes incontestables de la morale que la nature lui inspire; qu'il en pénètre son esprit, et nul n'osera entreprendre de le dégrader; et ses mœurs, en harmonie avec toute la nature, le conduiront douce-

ment au bonheur et à la perfection dont il
est susceptible, par des vertus aimables et
praticables (1).

---

(1) L'ame humaine, qui ne se connoît pas elle-
même, a voulu toucher, analyser l'ame des bêtes : si
cette question n'avoit été traitée que par des philosophes, on s'en seroit tenu à dire que la dissection des
animaux prouvoit un centre de rapport comme chez
nous ; que leurs opérations extérieures prouvoient des
idées, une combinaison, une intelligence et des affections motivées ; mais que, n'ayant reçu ni l'étendue
de notre intelligence, ni toutes nos facultés morales,
ils sont, en morale, à une distance si énorme de
nous, qu'il est fou de vouloir la sonder ; il suffit que
la faculté religieuse leur manque, pour assurer aux
docteurs que leur ame, s'ils en ont une, n'est d'aucune conséquence pour la nôtre, ni pour le code religieux.

Fin de la première Partie et du Tome
premier.

TABLE

DES MATIÈRES

Contenues dans ce premier Volume.

PREMIÈRE PARTIE.

Des principes de la Morale universelle.

Chapitre I. *Réponses à quelques questions sur la morale des nations, et éclaircisse-*

sible et raisonnable, comme une consé-
quence moins éloignée qu'on ne le croit
communément, de la morale qui l'oblige
envers ses semblables. page 294.

Fin de la Table du Tome premier.

www.ingramcontent.com/pod-product-compliance
Lightning Source LLC
LaVergne TN
LVHW011924180726
843502LV00003B/703